Claudia Munz

Berufsbiografie selbst gestalten

Wie sich Kompetenzen für die Berufslaufbahn entwickeln lassen

wbv

Beiträge zu Arbeit – Lernen – Persönlichkeitsentwicklung.
Herausgegeben von der Gesellschaft für Ausbildungsforschung
und Berufsentwicklung – GAB München. Schriftenreihe. Band 2

Claudia Munz
unter Mitarbeit
von Marlies Rainer und
Elisabeth Portz-Schmitt

Berufsbiografie selbst gestalten

Wie sich Kompetenzen für die Berufslaufbahn entwickeln lassen

wbv W. Bertelsmann Verlag

Beiträge zu Arbeit – Lernen – Persönlichkeitsentwicklung. Herausgegeben von der Gesellschaft für Ausbildungsforschung und Berufsentwicklung – GAB München: Schriftenreihe Band 2

In dieser Reihe werden die wichtigsten Forschungsarbeiten und Umsetzungs- bzw. Gestaltungsergebnisse im Feld der Ausbildungsforschung und Berufsentwicklung aus der Perspektive der Gesellschaft für Ausbildungsforschung und Berufsentwicklung – GAB München dargestellt. Diese Reihe richtet sich sowohl an die in diesen Feldern tätigen Wissenschaftlerinnen, wie auch an all diejenigen, die in Unternehmen und Organisationen mit Fragen der beruflichen Aus- und Weiterbildung und Personalentwicklung sowie der lernenden Auseinandersetzung mit dem permanenten Wandel in der Arbeitswelt befasst sind.

Die Mitarbeiterinnen dieses Bandes: Claudia Munz, Marlies Rainer (Gesellschaft für Ausbildungsforschung und Berufsentwicklung – GAB München) und Elisabeth Portz-Schmitt (Projektbüro Flexibel).

Bibliografische Informationen Der Deutschen Bibliothek

Die deutsche Bibliothek verzeichnet diese Publikationen in der deutschen Nationalbibliografie; detaillierte bibliografische Daten sind im Internet über <http://dnb.ddb.de> abrufbar.

ISBN 3-7639-3303-4, Art.-Nr. 60.01.600

Gesamtherstellung: W. Bertelsmann Verlag

Inhalt

Teil I: Hintergründe

Teil II: Wege zur Förderung berufsbiografischer Gestaltungskompetenz in der Ausbildung

Anhang

Teil I Hintergründe

1. Einführung: Eigenständige Sicherung der Beschäftigungsfähigkeit als neue Herausforderung

„Arbeiten" bedeutet für die meisten Menschen, von der Ausbildungszeit in jungen Jahren bis zum Alter von 60 oder 65 Jahren berufstätig zu sein – in Zukunft möglicherweise sogar noch länger. Schon allein die darin enthaltene Lebensspanne von 40 und mehr Jahren macht deutlich, dass Arbeit und Beruf einen zentralen und prägenden Stellenwert im Leben von Menschen haben. Auch wenn es dabei erhebliche geschlechtsspezifische Unterschiede zwischen den Lebenswegen von Frauen und Männern gibt, so sind doch gesellschaftliche Einbindung, sozialer Status, finanzielle Sicherung, Sinnerfüllung, Anerkennung durch andere in unserer Gesellschaft zentral mit dem Beruf verknüpft. Das „normale" Leben ist ein berufstätiges Leben. Doch diese Normalität hat erhebliche Risse bekommen. In den letzten Jahren sind die Folgen der dramatischen Veränderungen durch die beschleunigte wissenschaftliche und technologische Entwicklung besonders deutlich geworden. Globalisierung, Steigerung der Arbeitsproduktivität durch technische Innovationen und die Umstrukturierung der Unternehmen führen zu dauerhaft hoher Arbeitslosigkeit. Sie trifft längst nicht nur die traditionell krisenanfälligen einfachen Tätigkeiten, die gering Qualifizierte ausüben. Immer stärker setzt sich die Erfahrung durch, dass auch die Arbeitsplätze bestens ausgebildeter Spezialisten keineswegs mehr sicher sind. Die durchschnittliche Dauer der Unternehmenszugehörigkeit von Beschäftigten sinkt, der Anteil der nur befristet Beschäftigten steigt (von 7,5 % im Jahr 1991 auf 8,8 % in 2001)[1]. So gilt: „Karriere wird in den Betrieben nicht durch Berufstreue gemacht, sondern durch Flexibilität, die häufig mit einem Berufswechsel verbunden ist"[2] – wohlgemerkt: *Berufs-*, nicht Arbeitsplatzwechsel!

Das Schlagwort „Abschied vom Lebensberuf" umreißt den permanenten Wandel in der Arbeitswelt. Niemand kann heute mehr davon ausgehen, den einmal erlernten Beruf bis zum Rentenalter auszuüben. Stattdessen muss mit vielfältigen Umbrüchen und Veränderungen im Lauf des Lebens gerechnet werden: Mit großer Wahrscheinlichkeit wird die eigene Berufsbiografie auch Phasen von Arbeitslosigkeit aufweisen, werden sich die Inhalte und Tätigkeiten des Ausbildungsberufs

1 Quelle: Statistisches Bundesamt 2002

2 K. H. Geißler: Ausbildung flexibler gestalten. In: Süddt. Zeitung, 4.9.2003

erheblich wandeln, das Arbeitsleben sich in Phasen von Arbeit und Weiterbildung gliedern, sind Wechsel in andere Tätigkeitsfelder und Berufe notwendig, verschwinden alte und entstehen neue Berufe.

> „Das Berufsleben hat inzwischen überall aufgehört, ein bequemer Salonwagen zu sein, der vielleicht manchmal schwierig war zu besteigen, in dem man sich aber dann, hatte man dies geschafft, bequem in seinem Sessel zurücklehnen und zusehen konnte, wie er einen sicher und zuverlässig ans Ziel brachte. Eher gleicht es einem Fahrrad, bei dem alles davon abhängt, was der *Fahrer* tut, und auf dem man die Höhen und Tiefen, die Steigungen und Abfahrten einer bewegten Landschaft sehr hautnah mitbekommt. Nur wenige Fahrradtouren führen bequem durch die Ebene, manche über eine ganze Kette von Bergpässen, und für einige Fahrer geht es gar ‚querfeldein'."[3]

Die skizzierten Entwicklungen beziehen sich keineswegs nur auf diejenigen, die bereits längere Zeit im Berufsleben stehen. Dramatisch sind die Risiken gerade auch für junge Menschen. Nicht nur die Lage auf dem Ausbildungsstellenmarkt ist anhaltend schwierig. Auch eine erfolgreich bestandene Ausbildung ist keine Garantie für die Einmündung in den Arbeitsmarkt. Abgänger dualer Ausbildungen im Handwerk wurden im Jahr 2000 zu 22% arbeitslos (alte Bundesländer: 17%, neue Bundesländer: 38%). Es gibt gesamtwirtschaftlich natürlich große Unterschiede. Nimmt man sämtliche Branchen in den Blick, dann zeigt sich, dass „für den Lehrling die Chancen zur Übernahme nach der Ausbildung in einem kleinen Handwerksbetrieb am schlechtesten und in einem großen Industriebetrieb am besten sind"[4] – und dies angesichts der nach wie vor bestehenden Tatsache, dass das Handwerk das Gros der Ausbildungsplätze stellt.

Alle Menschen sind heute gefordert, sich nicht länger darauf zu verlassen, dass ihnen „Arbeitgeber" Arbeit geben, die sie nur „nehmen" müssen. Vielmehr *ist jeder Einzelne heute darauf angewiesen, für sich und seinen Ausbildungs- und Berufsweg selbst die Verantwortung zu übernehmen,* sich selbst aktiv um Möglichkeiten der Beschäftigung zu kümmern, selbst Weiterbildungs- und Neuorientierungsnotwendigkeiten zu erkennen und aktiv umzusetzen. Das gilt in besonderem Maße für die Berufsausbildung. Sie muss heute *nicht mehr nur auf einen Beruf vorbereiten, sondern auf ein Berufsleben, das von Umbrüchen gekennzeichnet sein wird.*

---

3 Brater, M.: Beruf und Biographie. Esslingen 1998, S. 16

4 J. Jaudas, H. G. Mendius, P. Schütt, M. Deiß, J. Miklos: Handwerk – nicht mehr Ausbilder der Nation? Übergangsprobleme von der handwerklichen Ausbildung in das Beschäftigungssystem. München 2004, S. 55 f.

Die Sehnsucht nach einer Rückkehr zu den guten alten Zeiten der Sicherheit ist zwar verständlich, führt jedoch ins Leere, da institutionalisierte Sicherungen und kollektive Interessenvertretungen zunehmend außer Kraft gesetzt werden. Die Folge: Jeder Einzelne muss akzeptieren, dass er im Umgang mit Umbrüchen in seiner Berufs- und Lebenswelt im Wesentlichen auf sich allein gestellt ist. Gefordert sind umfassende Selbstverantwortung, Flexibilität, die Bereitschaft, nicht auf einem einmal erreichten Status zu beharren, sondern sich bietende Chancen situativ zu nutzen – ja mehr noch: sich solche neuen Chancen selbst zu erschließen. Das neue Leitbild heißt: Jeder ist für das Aufrechterhalten seiner „Beschäftigungsfähigkeit"[5] selbst verantwortlich.

Die damit verbundenen eminenten gesellschafts- und bildungspolitischen Konsequenzen werden bisher kaum in vollem Umfang realisiert. Noch immer wird eher als Privatsache angesehen, ob und wie jemand damit zurechtkommt, nach dem Muster: Dem einen gelingt es eben, dem anderen nicht. Bliebe es bei dieser Auffassung, dann wäre ein noch weiteres Auseinanderdriften der Gesellschaft in Gewinner und Verlierer, in die Fitten und die, die beim Wettbewerb um Beschäftigungsmöglichkeiten auf der Strecke bleiben, die Folge. Dass sich das Alleingelassenwerden mit beruflichen Umbruchsituationen belastend auswirkt, belegen zahlreiche Untersuchungen, etwa zu den psychosozialen Folgen, die bereits eine kurze Arbeitslosigkeit mit sich bringt, oder zu der inzwischen allgemeinen Verunsicherung junger Menschen, die nicht wissen, welchen beruflichen Weg sie einschlagen oder wie sie ihr Scheitern an der zweiten Schwelle nach der Ausbildung bewältigen sollen. Es ist also dringend erforderlich, diejenigen Kompetenzen zu benennen und für das Lernen zugänglich zu machen, die zur Bewältigung der modernen Anforderungen nötig sind.

Als Erstes fällt ins Auge, dass dafür Fähigkeiten gebraucht werden, sich am Arbeitsmarkt zu behaupten. „Aus einem meist nur gelegentlich und dabei oft eher passiv auf dem Arbeitsmarkt agierenden Arbeitskraftbesitzer muss jetzt ein auf neuer Stufe strategisch handelnder Akteur werden"[6], der sich als „Unternehmer der eigenen Arbeitskraft" begreift und entsprechend handeln kann. Das heißt, das eigene Arbeitsvermögen muss auf dem Weg des *Selbstmarketings* angeboten werden. Damit geht die Gefahr einher, sich um jeden Preis „verkaufen" zu wollen, die persönliche Flexibilität bis zu blinder Anpassungsbereitschaft[7] zu treiben. Positiv

---

5 Die Europäische Kommission sieht im Konzept der Employability (Beschäftigungsfähigkeit) einen von vier Pfeilern der europäischen Beschäftigungsstrategie (vgl. Europäische Kommission 1999).

6 G. Voß: Unternehmer der eigenen Arbeitskraft – Einige Folgerungen für die Bildungssoziologie. In: Zeitschrift für Soziologie der Erziehung und Sozialisation, 20. Jg., 2/2000, S. 153

7 Vgl. R. Sennett: Der flexible Mensch. Die Kultur des neuen Kapitalismus. Berlin 1998

interpretiert kann Selbstmarketing heißen, gesellschaftliche Bedarfe zu erkennen, sich damit in Beziehung zu setzen und „Öffentlichkeit für die eigenen Talente" (T. Sattelberger) zu schaffen – also „selbst-unternehmerisch" zu handeln und immer wieder neu Passungen zwischen Anforderungen von außen und persönlichen Entwicklungsstrebungen vorzunehmen.

Dies geht jedoch einher mit der Notwendigkeit, immer am Ball zu bleiben, d.h., sich eigenständig laufend fachlich weiterzubilden und persönlich weiterzuentwikkeln. Moderne Arbeits- und Lebenssituationen erfordern die Bereitschaft und Fähigkeit zu lebenslangem, besser: lebensbegleitendem Lernen. Dies gilt im Hinblick auf die rasche technologische Entwicklung ebenso wie im Hinblick auf organisationale Veränderungen, die ein Mehr an Eigenverantwortlichkeit, Teamfähigkeit usw. verlangen. Das Konzept der „lernenden Organisation" baut darauf, dass Mitarbeiter/innen Arbeiten und Lernen verbinden können, dass sie aus eigenem Antrieb bereit sind, sich weiterzuqualifizieren und ihre Lernwege selbst zu organisieren. Und im modernen Leben kommt man ohne Lernen nicht einmal mehr mit alltäglichen technischen Geräten zurecht.

Im Berufsleben reicht es heute auch nicht mehr aus, dass man sich nur „nachholend" weiterqualifiziert, indem man erst dann Neues lernt, wenn die berufliche Praxis dessen Notwendigkeit schon erwiesen hat. Vielmehr ist eine umfassende *Selbstlernkompetenz* gefragt, die neben institutionalisierten Weiterbildungsaktivitäten (Seminare, Kurse) auch die Lernchancen nutzt, die sich in der Arbeit – und darüber hinausgehend in jeglicher Lebenssituation – bieten. „Arbeitend lernen" und „lernend arbeiten" wird ebenso zum Gebot der Stunde wie die Fähigkeit, eigenen neuen Lernbedarf (und eigene Entwicklungswünsche) selbst festzustellen, sich selbst unabhängig von äußeren Anlässen eigenständig Lernziele zu setzen, Wege zu deren Realisierung zu finden und den eigenen Lernprozess zu reflektieren.[8]

Immer stärker wird im Zuge dieser Entwicklung deutlich, dass Menschen weitaus mehr wissen und können, als ihre formellen Qualifikationszertifikate aussagen. Die breite Diskussion der „Ablösung des Qualifikationskonzepts durch das Kompetenzkonzept"[9] verweist darauf, dass nonformal und informell erworbenen Kompetenzen große Bedeutung zukommt – in zweifacher Hinsicht. Zum einen werden

---

8 Vgl. P. Vaill: Lernen als Lebensform. Stuttgart 1998

9 Vgl. z.B. J. Erpenbeck, V. Heyse: Die Kompetenzbiographie. Münster 1999. „Qualifikation" benennt formal erworbenes, nachprüfbares Wissen und Können, „Kompetenz" hingegen meint Fähigkeitenbündel, mit denen die Person selbstorganisiert und gestaltend umgehen kann.

sie auf dem Arbeitsmarkt mehr und mehr nachgefragt, da reine Fertigkeiten, die für die Arbeitsausführung erforderlich sind, heute ebenso wenig ausreichen wie eng gefasste fachliche Qualifikationen. Zum andern sind die formell und informell erworbenen Kompetenzen das persönliche „Kapital", das „Arbeitskraft-Unternehmer" auf dem Arbeitsmarkt anbieten können. Daher werden Verfahren benötigt, wie diese Kompetenzen für andere sichtbar gemacht werden können.[10] Abgesehen von diesen formalisierten Verfahren besteht für den Einzelnen generell die Anforderung, sich selbst Klarheit über seine vorhandenen Kompetenzen zu verschaffen, d.h., man muss sich seiner „Fähigkeitengestalt" bewusst werden. In einem zweiten Schritt kann man diese Kompetenzen dann in eine geeignete Form bringen, um sie nach außen zu kommunizieren. Man muss also in der Lage sein, seine eigenen Fähigkeiten zu erkennen, zu dokumentieren und sein *persönliches Kompetenzprofil* zu erstellen. Darüber hinaus zeigt sich in der Untersuchung der bisher vorhandenen Kompetenzen möglicherweise, welche neuen Fähigkeiten sinnvollerweise entwickelt werden sollten.

Richard Sennett hat eindrucksvoll auf die erheblichen negativen Folgen hingewiesen, die ein schrankenloses, nicht hinterfragtes Erfüllen der Forderung nach umfassender Flexibilität und Arbeitsmarkt-Verfügbarkeit mit sich bringt. Es kann nicht darum gehen, dass Menschen sich blind den jeweils aktuellen, kurzfristigen Entwicklungen anpassen. Sie liefen Gefahr, ihre eigene Identität zugunsten ihres wirtschaftlichen Überlebens aufzugeben, sie verlören jegliche soziale Bindung, vergäßen ihre eigenen Werte und Intentionen und würden letztlich zum Spielball der Verhältnisse.

Damit dies nicht eintritt, muss jeder Einzelne in der Lage sein, der Kurzatmigkeit von Arbeits- und Marktanforderungen, die von außen an ihn gestellt werden, mit seinem eigenen „langen Atem" zu begegnen, d.h., die Anforderungen in ein Verhältnis zur eigenen Person zu setzen. Berufsfragen und Arbeitsfragen sind heute auf das Engste verknüpft; sie erstrecken sich „in die ‚Tiefen' der Person, in die ‚Breite' des alltäglichen Lebens und in die ‚Weite' des biografischen Verlaufs der Existenz".[11] Wenn aber die Orientierung rein an äußeren Anforderungen nicht ratsam ist, müssen Möglichkeiten der „inneren" Orientierung gefunden werden. Jeder Einzelne muss die weggebrochenen äußeren Kontinuitäten mit einem erhöhten inneren Kontinuitätsgefühl ausbalancieren und die eigene Identität als „Wandlungskontinuum" (Norbert Elias) verstehen, die in allen Umbrüchen dennoch Bestand und Richtung hat.

---

10 Vgl. die Portfolio-Ansätze in mehreren europäischen Ländern (z.B. D, CH), den Bilan de compétences (F) u.a.

11 G. Voß, a.a.O., S. 162

Selbstgewissheit und persönliches „Ganzheitsgefühl" erfordern einen hohen Grad an Bereitschaft, an sich zu arbeiten und an Selbst-Bewusstheit, um „das eigene Sich-Verwandeln als das Einheit-Stiftende" (Helga Bilden) zu erfahren. Dies gelingt nicht, ohne dass die eigene Lebensgeschichte als Prozess verstanden wird, in dem sich trotz aller Veränderungen ganz individuelle Muster und Gestalten zeigen, die als „roter Faden" der eigenen Biografie gedeutet werden können. In diesen Gestalten werden die ureigenen Intentionen, Werte, Ideale, Lebensziele erkennbar. Sie ermöglichen die Beurteilung der äußeren Anforderungen und fordern dazu auf, individuell angemessene Umgehensweisen damit zu entwickeln. So kann aus der Bereitschaft zu unbegrenzter Flexibilität lebendige Beweglichkeit werden, können Umbrüche zu Entwicklungsimpulsen gemacht werden. Erst ein solcher *biografischer* Blick ermöglicht es, diskontinuierliche Realitäten produktiv zu verarbeiten und Veränderungen in die eigene Lebensgeschichte zu integrieren.

Zusammenfassend lässt sich sagen: Zur Bewältigung der modernen Anforderungen in Arbeit und Beruf ist es unerlässlich,

- sich beständig lernend und aus eigener Initiative mit Neuem auseinander zu setzen (Selbstlernkompetenz)
- sich der eigenen Kompetenzen bewusst zu werden (eigenes Kompetenzprofil)
- die eigene (Berufs-)Biografie als Wandlungsprozess zu verstehen (biografische Orientierung)
- sich in ein Verhältnis zu gesellschaftlichen Bedarfen zu setzen und sich „unternehmerisch" auf dem Markt zu behaupten (Selbstmarketing).

Wir nennen dieses Fähigkeitenbündel *berufsbiografische Gestaltungskompetenz*[12]. Diese Kompetenz ist jedoch keineswegs selbstverständlich bei allen Menschen vorhanden – sie muss erworben werden. Bislang wird diese Lernnotwendigkeit vor allem unter dem Blickwinkel von „Karriereplanung" gesehen; für Führungskräfte existieren seit längerem entsprechende Bildungsangebote. In jüngerer Zeit nehmen Angebote zur „Laufbahnberatung" zu, ebenso spricht die reichliche Literatur an Bewerbungsratgebern u.a. deutlich dafür, dass hier ein hoher Bedarf an Unterstützung vorhanden ist. Diese Angebote richten sich ganz überwiegend an bereits länger im Berufsleben Stehende.

---

[12] Andere Autoren finden Begriffe, wie z.B. „Pluralitäts- und Übergangskompetenzen" (K. H. Geißler) oder „Transferqualifikationen" (Deutsches Institut für Erwachsenenbildung).

Dabei sehen sich jedoch, wie geschildert, bereits Jugendliche bei ihrer Berufswahl sowie in der Ausbildung mit diesen Anforderungen konfrontiert. Junge Menschen brauchen daher die Möglichkeit, sich von Anfang an lernend damit auseinander zu setzen. Denn der Beginn einer Ausbildung stellt für junge Menschen den Start in einen entscheidenden Lebensabschnitt dar. Die Berufswahl kann man als „Entscheidung über den Anfang der persönlichen Berufsbiografie" beschreiben. Es handelt sich also eigentlich gar nicht mehr um die „Wahl eines *Berufs*", sondern lediglich um eine „Ausbildungswahl", d.h. also um die Wahl der ersten Station im offenen Prozess der eigenen Berufsbiografie. Diese erste Station jedoch ist von erheblicher Bedeutung; die Erfahrungen, die dort gemacht werden, sind prägend für die persönliche Fähigkeit der längerfristigen Perspektivbildung. Sie sind zugleich überschattet von der Einsicht, dass die erfolgreiche Absolvierung einer Ausbildung heute zumeist tatsächlich nur eine erste Station im Berufsleben ermöglicht – danach muss der Berufsweg eigenständig gestaltet werden. Gerade weil es sozialpolitisch wichtig ist, dass viele Betriebe über Bedarf ausbilden, muss die Berufsausbildung über die Vermittlung fachlicher Inhalte hinaus auch die „Zukunfts- und Beschäftigungsfähigkeit" der Auszubildenden in umfassender Weise stärken, um jungen Menschen eine tragfähige Basis für die Zukunft zu schaffen, so dass sie nicht passiv und resigniert werden, sondern ihr berufliches und persönliches Schicksal selbst in die Hand nehmen können.

Wird unter „Beschäftigungsfähigkeit" nicht allein verstanden, „sein Brot verdienen" zu können, sondern die Fähigkeit, seine berufliche Laufbahn zu gestalten, dann gilt: *Berufsbiografische Gestaltungskompetenz ist eine neue zentrale Schlüsselqualifikation.* Sie muss systematisch erworben werden können – und zwar so früh wie möglich und so umfassend wie möglich. Punktuelle Maßnahmen wie z.B. Outplacement-Begleitungen nach bereits eingetretener Arbeitslosigkeit sind zwar nötig, haben jedoch eher „Reparaturcharakter". Es geht darum, berufsbiografische Gestaltungskompetenz *präventiv* in Bildungsgängen zu verankern. Allgemein bildende Schulen müssten für ihre Schüler/innen eine weitaus gründlichere Vorbereitung auf die Berufswahl leisten, als sie dies heute tun. Spätestens in der beruflichen Erstausbildung brauchen Auszubildende Lerngelegenheiten zum Erwerb berufsbiografischer Gestaltungskompetenz. Die berufliche Erstausbildung ist ja die letzte Station „begleiteten" Lernens, bevor die jungen Leute in ihrem Berufsleben ganz auf sich selbst gestellt sind. Hier können sowohl betriebliche Ausbilder/innen wie Lehrkräfte in der Berufsschule einen großen Beitrag zur Förderung dieser Schlüsselkompetenz leisten.

In diesem Band werden erprobte Möglichkeiten dargestellt, wie Betriebe und Schulen junge Leute bei der Entwicklung berufsbiografischer Gestaltungskompetenz unterstützen können. Diese Möglichkeiten wurden im Rahmen des Modellversuchs „Lernkompetenz und Selfmarketing/flexibel"[13] in den Jahren 2000 bis 2003 zusammen mit Meister(inne)n, Gesell(inn)en und Auszubildenden aus mehreren Handwerksbetrieben entwickelt und erprobt. An dieser Stelle danken wir allen Beteiligten herzlich für ihr großes Interesse, ihre Bereitschaft, sich mit Lust auf Neues einzulassen, und ihr spürbares Engagement, Verbesserungen in der Ausbildung zu erreichen.

Der Band gliedert sich in zwei Teile: Im ersten Teil werden die vier Komponenten berufsbiografischer Gestaltungsfähigkeit ausführlicher erläutert, der zweite Teil bietet praxisgerechte Wege, wie diese Komponenten in das Lernen in Betrieb und Berufsschule integriert werden können.

[13] Der Modellversuch wurde finanziell gefördert vom Bundesministerium für Bildung und Forschung, Bonn, sowie dem Ministerium für Wissenschaft, Weiterbildung, Forschung und Kultur, Rheinland-Pfalz (FKZ D 0262.00), fachlich betreut vom Bundesinstitut für Berufsbildung, Bonn, und wissenschaftlich begleitet von der Gesellschaft für Ausbildungsforschung und Berufsentwicklung GbR, München.

2. Die vier Komponenten berufsbiografischer Gestaltungskompetenz im Überblick

Berufsbiografische Gestaltungskompetenz erfordert, wie geschildert,

- die Entwicklung von Selbstlernkompetenz
- das bewusste Erkennen der eigenen Kompetenzen
- die Entwicklung eines (berufs-)biografischen Blicks
- den Aufbau von Selbstmarketing.

Diese vier Komponenten sind *nicht rein additiv* zu verstehen. Sie stellen vielmehr einen beweglichen Gesamtzusammenhang dar, der durch Spannungsverhältnisse und Dynamik gekennzeichnet ist. Aufgabe des Einzelnen ist es, immer wieder neu die vier Komponenten miteinander in Beziehung zu setzen und ins Gleichgewicht zu bringen. Dabei besteht die Gefahr, sich entweder völlig an Äußeres anzupassen und rein reaktiv zu bleiben oder aber zu resignieren oder sich nur an eigenen Interessen zu orientieren. Entscheidend ist bei diesem Balancieren die Fähigkeit innerer Flexibilität, zwischen den eigenen Strebungen und den Interessen und Anforderungen der Umwelt abzuwägen. Das heißt, der eigentliche Weg liegt in der lebendigen Mitte, in der man sich Möglichkeiten klar macht und auch zeitweise bereit ist, einen Kompromiss einzugehen, ohne seine eigenen Intentionen aus den Augen zu verlieren.

Das „Kleeblatt" berufsbiografischer Gestaltungskompetenz

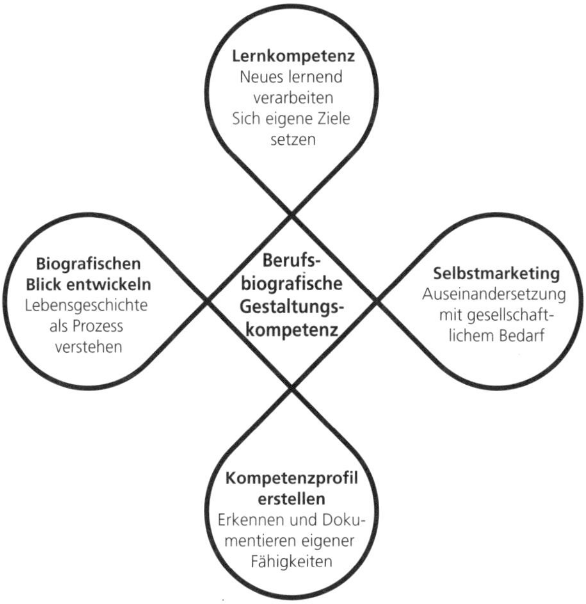

3. Komponente 1: Lernkompetenz

Die Fähigkeit zu lernen, sich selbst Lernziele zu setzen und den Lernprozess eigenverantwortlich steuern zu können, ist die Basisbedingung für die Entwicklung berufsbiografischer Gestaltungskompetenz. Um diese Selbstlernkompetenz in der Ausbildung weiterentwickeln und fördern zu können, ist es notwendig, einige grundlegende Aspekte des Lernens zu beleuchten. Dabei geht es nicht darum, die verschiedenen lerntheoretischen Ansätze darzustellen, sondern sich ganz praktisch vor Augen zu führen, was eigentlich genau beim Lernen geschieht, in welchen Schritten es sich vollzieht.

Wir können mit „Lernen" reagieren, wenn wir bemerken, dass wir in unserem Handeln unsere Ziele und Ideen nicht verwirklichen können, weil wir etwas nicht „wissen" oder „können". Die Diskrepanz zwischen einem Ziel (Ideal) und der erlebten eigenen Wirklichkeit („eigenes Vermögen") kann den Wunsch auslösen, zu lernen, um dem Ziel näher zu kommen.

Dazu gehört die Fähigkeit,

> „... eigene Wissenslücken zu orten, selbständig Informationen zu finden, darauf zugreifen zu können, sich selbst Wissen anzueignen, dabei Wesentliches von Unwesentlichem bzw. Exemplarischem zu unterscheiden"[14].

Lernen bedeutet Entwicklung. Sie findet auf verschiedenen Ebenen statt. Das kleine Kind lernt instinktiv, später bedeutet „Schulreife" auch: lernen zu wollen. Bei einer gesunden Entwicklung wird sich durch den Willen zu lernen im Verlauf des Lebens auch das persönliche Vermögen zu lernen ausbilden. Über Lernkompetenz zu verfügen bedeutet, die Grundfähigkeit des Lernens so weiterentwickelt zu haben, dass man als Erwachsener entscheiden kann, wann Lernen der richtige Weg ist, was man lernen will, und dann auch seinen Lernprozess zu steuern.

> „Die zentrale psychologische Komponente des Lernens zu lernen ist der Aufbau metakognitiver Kompetenzen. Darunter versteht man den Erwerb von Wissen über die allgemeine Regelhaftigkeit des Lernens und Gedächtnisses, über nahe liegende Fehler und Missverständnisse bei bewussten und unbewussten Lernprozessen, über verschiedene Lernstrategien zur Erreichung unterschiedlicher Ziele, über variable Schwierigkeitsgrade und Anforderungsspezifika von Aufgaben, über eigene kognitive Stärken und Schwächen sowie den Erwerb automatisierten metakognitiven Könnens zur Kontrolle und Steuerung eigener Lernprozesse."[15]

---

14 A. Lischka: Erwerb anwendungsbezogener Fach- und Methodenkompetenz, in: Expertenberichte des Forum Bildung der Bund-Länder-Kommission, Berlin 2002

15 F. E.Weinert: Lernen des Lernens, in: Expertenberichte des Forum Bildung der Bund-Länder-Kommission, Berlin 2002

In der Schulzeit bildet sich die Lernkompetenz nicht vollständig aus. Wie häufig beklagt wird, lernen die Schüler zwar Inhalte, jedoch nicht das Lernen selbst – obwohl sie vielfältige Erfahrungen mit eigenem Lernen haben und auch ihre Mitschüler bei Lernprozessen erleben können. Doch das Lernen selbst wird nicht zum Thema gemacht, so dass die notwendige Reflexion fehlt, um die beschriebene Metakognition auszubilden. Außerdem wird der ursprünglich vorhandene Lernwille eher gebremst: durch Lernziele, die so vorgeben werden, dass die Spannung zwischen eigenem Ziel und Vermögen nicht mehr erlebt wird, und durch Methoden, die häufig darin bestehen, den Schülern alles zu erklären und genau zu zeigen, wie etwas getan werden sollte. So entsteht bei den Schülern über die Jahre eine eher untätige Haltung. Man wartet ab, was die „Wissenden" aufbereitet haben, um es passiv entgegenzunehmen. Man weiß nicht mehr, warum man etwas lernen „soll", und die Eigentätigkeit besteht oft nur im Einüben dessen, was vorgegeben wurde. Dabei lernt man vor allem, Anweisungen zu befolgen, und bleibt in seinen Fähigkeiten stark an den vorgegebenen Weg gebunden. Das Interesse an der Sache geht durch den häufig fehlenden Bezug zum Leben und zur eigenen Person verloren. Die Motivation zu lernen entsteht so eher aus Angst vor schlechten Noten und Prüfungen.

Diese formelle Lernsituation setzt sich in der Ausbildung fort, häufig mit der Begründung, dass es nicht anders gehe, denn die Jugendlichen könnten nur so lernen. Die ursprüngliche Lernbereitschaft und -fähigkeit sind aber durchaus noch vorhanden und leben sich eher außerhalb von Schule und Betrieb aus, in der eigenen Lebenswelt, da, wo man persönliche Interessen hat. Hier wird informell selbstverständlich vieles gelernt, aber eher unbewusst.

> „An informellen Orten der Bildung gibt es keinen Lehrplan, keine Lehrpersonen, weder Didaktik noch Methodik; das Subjekt bildet sich selbst – oder eben nicht."[16]

Dort lernen junge Leute also einfach, indem sie Erfahrungen machen. Denn überall, wo der Mensch mit Situationen konfrontiert wird, die etwas fordern, was für die Person neu ist, besteht prinzipiell die Möglichkeit, sich die notwendigen Fähigkeiten anzueignen. Biografien, die im Rückblick als gelungen erscheinen, zeigen häufig, dass schwierige Situationen so bewältigt wurden, dass nicht irgendwie nur Erfahrungen gemacht wurden. Vielmehr stellt die Verarbeitung der Erfahrung einen wesentlichen Faktor dar. Erst auf diese Weise wird der darin vollzogene Lernprozess bewusst, stehen die neu gewonnenen Handlungsmöglichkeiten in vollem Umfang zur Verfügung – und werden weiterführende Lernnotwendigkeiten deutlich.

[16] I. Richter: Kompetenzerwerb in den Lebenswelten junger Menschen, in: Expertenberichte des Forum Bildung, Bund-Länder-Kommission, Berlin 2002

Hier verbindet sich die Möglichkeit, aus dem Leben, aus der Erfahrung zu lernen, mit dem bewussten Gestalten des eigenen Entwicklungsweges, bei dem ein Individuum sich selbst Ziele setzt und ganz aus eigenem Antrieb daran arbeitet, diese zu erreichen. Dieser bewusst selbstgesteuerte Vorgang kann sich z.B. auf Fachwissen beziehen, das man sich durch Lektüre, Lernsoftware etc. aneignet, weil man das selbst so will. Es kann sich aber auch auf den Bereich beziehen, den man gemeinhin versucht, mit „guten Vorsätzen" zu bearbeiten, also auf persönliche und soziale Fähigkeiten, wie z.B. geduldiger zu werden oder Konflikten nicht immer auszuweichen. Gelingt dies, spricht man von *„informell erworbenen Kompetenzen"*, weil die Fähigkeiten nicht in einem formalen, institutionalisierten Rahmen ausgebildet wurden.

In dem Modell des „Lerndreiecks" werden die drei Lernarten zusammengefasst, die gemeinsam Lernen und Entwicklung ausmachen:

Das „Lerndreieck"[17]

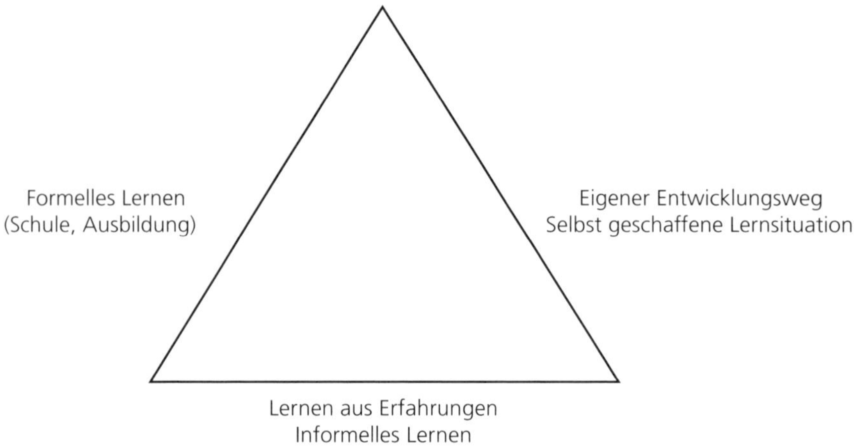

(Selbst-)Lernkompetenz zu entwickeln bedeutet also, Lernen nicht auf formell angebotene Lernsituationen wie Schule, Kurse usw. zu begrenzen, sondern gleichermaßen informell aus beruflichen und privaten Erfahrungen zu lernen sowie sich aus freien Stücken selbst Lernziele zu setzen und die Mittel und Wege zu deren Realisierung zu finden.

Ungeachtet der verschiedenen Lernarten lässt sich allgemein beschreiben, was sich beim Lernen vollzieht. Generell ist Lernen immer ein längerer Vorgang, der verschiedene Phasen durchläuft. Man kann unterscheiden zwischen der Aneignung

[17] C. van Houten: Erwachsenenbildung als Willenserweckung, Stuttgart 1993

von neuem *Wissen* (im Sinne neuer Information) und dem Erwerb von neuen *Fähigkeiten*, obwohl sich beides im praktischen Leben meist verbindet. Neues Wissen kann zu neuen Erkenntnissen führen, je nach Situation braucht man aber auch neue Fähigkeiten, damit das Wissen und die Erkenntnisse wirksam werden können. Ist das Lernziel so definiert, dass es in erster Linie darum geht, neue Fähigkeiten zu entwickeln, richtet es sich meistens auf eine Erweiterung der Handlungsfähigkeit. Diese benötigt meist aber wiederum auch ein bestimmtes Wissen als Grundlage. Fähigkeitenbildung und Wissenserwerb gehören also zusammen – was durchaus nicht in allen organisierten Lernprozessen beachtet wird. Werden sie beide in *einem* Lernprozess gefördert, kann die häufig beklagte Kluft zwischen Wissen und Können geschlossen werden. Diese charakteristischen Verlaufsphasen kann man durch genaue Beobachtung beim Lernen unterscheiden:

1) Man erlebt einen Mangel an Fähigkeiten; dies löst den Lernwillen aus

Die Lernziele ergeben sich aus der Situation, die bewältigt werden muss. Dabei kann es sich um eine Anforderung von außen handeln oder um etwas, das man sich persönlich eher von innen heraus vornimmt. Ausgangspunkt ist, dass ein Problem gelöst werden soll und man vor einer Situation steht, die man vorher noch nicht erlebt hat und die neue Anforderungen an das eigene Vermögen, an die bisher vorhandene „Fähigkeitengestalt" stellt. Dazu können Alltagssituationen, aber auch Konflikte, Krisen oder Krankheiten gehören.

Indem man versucht, das Problem zu lösen, stößt man jedoch auf Widerstände, die darüber belehren, dass man an dieser Stelle mit den mitgebrachten Gewohnheiten oder Vorgehensweisen nicht weiterkommt, dass sie einfach nicht ausreichen, das Neue zu bewältigen. Es gibt dann verschiedene Handlungsstrategien: Zunächst liegt nahe, aus dem Erleben und Bewusstwerden des eigenen Nicht-könnens heraus erst einmal nach Hilfe von außen Ausschau zu halten. Das klappt dann, wenn man einen bestimmten Trick, eine Vorgehensweise nicht weiß. In solchen Fällen können Lehrer/innen, Ausbilder/innen oder Fachleute wertvolle und wichtige Tipps und Ratschläge geben oder aus ihrem größeren Überblick heraus alternative Vorgehensweisen vorschlagen. Überall, wo es in erster Linie um fehlendes Wissen geht, also um kognitives Lernen, ist eine direkte Anleitung, ein direkter Wissenstransfer möglich, den man allerdings auch, wenngleich vielleicht aufwändiger, aus einem Fachbuch bekommen könnte.

Dieser Transfer jedoch gelingt dort überhaupt nicht, wo es nicht mehr um den Erwerb oder die Erweiterung von Wissen, sondern um eigenes Können geht. Um mit der Situation zurechtzukommen, müssen neue Fähigkeiten gebildet werden. Das Erlebnis der Diskrepanz zwischen dem, was und wie man etwas tun kann, und dem, was man offensichtlich können sollte bzw. wie die Sache nach eigenem oder fremdem Maßstab getan werden sollte, zwischen dem momentan Erreichten und dem, was man erreichen will, weckt eine erste Lernmotivation. Es entsteht eine „Lernspannung".

2) Der Mangel wird auf sich selbst bezogen, verbunden mit dem Selbstvertrauen, sich entwickeln und lernen zu können

Man benötigt dann jedoch auch die Bereitschaft, den Mangelzustand in irgendeiner Weise auf sich selbst zu beziehen. Solange man „die Verhältnisse" dafür verantwortlich macht, dass etwas nicht klappt, kommt Lernen nicht in Gang. Vielmehr muss man sich fragen: Was kann „ich" daran ändern oder dazu tun, auf welche mögliche Schwäche oder Unfähigkeit bei mir verweist jener Mangelzustand? Man muss auf die eigene Person achten, den eigenen Anteil am Geschehen einbeziehen und bereit sein, an sich zu arbeiten. Lernen zu wollen heißt immer auch, mit seinem eigenen bestehenden Zustand nicht voll zufrieden zu sein, aber sich ändern zu wollen und auch davon überzeugt zu sein, sich ändern zu können. Soll Lernen in Gang kommen, ist eine Einstellung etwa in der Art gefordert: Ich sehe zwar meinen Anteil an dem Problem, meine Schwäche, aber ich traue mir zu, mich zu ändern, das Problem in den Griff zu bekommen und dann meinerseits das Ganze zu verändern. Dazu bin ich zum „Sprung ins kalte Wasser" bereit. Wirklich zum Lernen zu kommen setzt Ich-Stärke voraus, ein Entwicklungsvertrauen in das eigene Selbst sowie die Bereitschaft, „narzisstische Kränkungen" durch das Erleben eigener Mängel zu überwinden.

3) Man entschließt sich, zu lernen, sich weiterzuentwickeln

Erst auf der Grundlage dieses Entschlusses verbindet sich das Lernen aus der Erfahrung mit dem bewussten Gestalten des eigenen Entwicklungsweges. Wenn man sich selbst bestimmte Ziele gesetzt hat, die man erreichen möchte, handelt es sich um eine Art Lernwillen zur Selbstvervollkommnung. Grundvoraussetzung für diesen Lernwillen ist die tief wurzelnde Überzeugung, seine Entwicklung selbst in die Hand nehmen zu können und zu sollen – eine Überzeugung, die in der Ausbildung veranlagt werden kann. Dieser Lernwille bedeutet auch, dass man bereit ist, die Verantwortung für seinen Lernprozess zu übernehmen.

4) Man versucht zu verstehen, was die Situation fordert, informiert sich und bereitet sich vor

Der nächste Schritt besteht darin, nach Lösungswegen zu suchen. Dabei können verschiedene Aktivitäten ausgelöst werden: Man versucht, die Situation zu verstehen, greift auf eigene Erfahrungen zurück, übernimmt Ideen oder Erfahrungen anderer, das können Lehrkräfte oder Ausbildende sein, aber auch Kolleg(inn)en oder Freunde. Oder man sucht nach Informationen und Anregungen in der Literatur und entwickelt daraus neue Handlungsstrategien. Diese bleiben jedoch folgenlos, wenn sie nicht praktisch umgesetzt werden. Dann „weiß" man zwar, wie man etwas tun könnte, „kann" es aber noch nicht.

5) Man begibt sich in die Situation, die die gefragten Fähigkeiten fordert

Daher muss man genau das tun, wozu man die Fähigkeiten, die man lernen soll, aber eigentlich schon braucht. Man begibt sich also in die Situation („ins kalte Wasser"), in der man das, was man zu ihrer Bewältigung benötigt, eigentlich schon können müsste. Dazu müssen solche Situationen ausreichend hohe Anforderungen stellen, denn nur so entsteht die produktive „Lernspannung".

6) Man entscheidet über die Dosierung der Lernschritte und gestaltet den eigenen Lernprozess

Hier ist ein wichtiger Aspekt der Selbststeuerung zu beachten: Die Anforderung muss so dosiert sein, dass man nicht überfordert wird. Aber sie sollte eine deutliche Herausforderung darstellen, um sich selbst aus der „Komfortzone" bereits gekonnter Handlungsweisen zu bewegen. Es gilt also, sich Situationen bewusst so zu wählen, dass neue Schritte gemacht werden müssen – die durchaus auch nur kleine Schritte sein können.

7) Man strengt sich an und bemüht sich, all seine potenziellen Fähigkeiten zu mobilisieren

Erst wenn man tätig wird und selber etwas Neues probiert, kann man die eigentliche Schwierigkeit erfassen und merken, worauf es ankommt. Das ist eine entscheidende Lernerfahrung: Man kann eigentlich nur aus dem eigenen Tun heraus lernen, nicht aus dem Denken oder der Vorstellung darüber. Das heißt, man kann sich auch insofern nicht vor den peinlichen Erfahrungen der eigenen Unfähigkeiten bewahren, dass man sich die neuen Fähigkeiten einfach bei anderen abschaut, sondern man muss sich exponieren, zumindest indem man das Abgeschaute selbst tut. Lernen geht nicht von alleine, sondern es verlangt Willenskraft und Selbstüberwindung.

Die Erkenntnis etwa über die Ursachen eines Problems allein gibt allenfalls darüber Aufschluss, warum es so ist, wie es ist, aber sie führt nicht zum Aufschluss über das, was man nun anders machen soll, also über den eigentlichen innovativen, verändernden Lernschritt. Das Lernen bleibt daher häufig im Erkennen stecken. Hier muss nun der Lernwille wieder wach werden und der Entschluss zu lernen erneut verstärkt werden. Zu neuen Perspektiven für das Handeln, also einem selbstverändernden Lernen, kommt man prinzipiell über zwei Wege:

- Von *außen* dadurch, dass man Anregungen, Ideen, Erfahrungen anderer übernimmt und erprobt; das können Kolleg(inn)en, andere Teams, Fremde, Lehrkräfte oder Berater/innen sein oder Anregungen, die man aus der Literatur entnimmt.

- Von *innen* kann man neue Ansatzpunkte finden durch eine Steigerung und Intensivierung der eigenen Kreativität und Intuition. Das ist natürlich nicht ganz einfach und bedarf vor allem der Geduld und der intensiven Arbeit. Dieser Weg bedeutet, dass das Lernen wirklich „aus mir selbst" hervorgeht und Neues hervorbringt – der Prozess der Selbstentwicklung.

8) Man bekommt durch Fehler Aufschlüsse über die weiteren Lernnotwendigkeiten

Im Vorgehen wird zunächst nicht alles auf Anhieb klappen. Lässt man sich auf seine Unzulänglichkeiten ein und scheut man nicht davor zurück, sie sich auch einzugestehen, dann kann man erfahren, wie nun der offenkundige Fehler zum eigentlichen Lehrmeister wird. Dank des Fehlers muss man das zu Lernende nicht gleich auf einmal und auf Anhieb können, sondern dank seiner korrigierenden Kraft kann man sich an das Ziel schrittweise heranarbeiten. Dabei lernt man immer besser, sich selbst zu orientieren und sein eigenes Handeln anhand von Wahrnehmungen an der Sache selbst besser zu steuern. Im Erleben und Reflektieren des eigenen Fehlers liegt die Chance zur Selbstkorrektur. Der Fehler belehrt, er zeigt, was man anders machen, wo man sich verbessern muss: Woran fehlt es genau? Liegen die Fehlerquellen beispielweise in zu wenig gründlichen Überlegungen, in der eigenen Ungeduld oder aber in mangelhafter Fertigkeit? Leider sieht man normalerweise den Fehler als etwas Schlimmes, das geahndet werden muss, das einem Kritik und vielleicht Strafe einträgt, jedenfalls das, was eigentlich nicht vorkommen darf. Dabei ist er sehr wertvoll, weil er zu Änderungen des Handelns auffordert, und er tut das immer wieder, so lange, bis das Ergebnis meines Handelns mit den Zielvorstellungen, mit meinem Bild davon, wie es sein soll, übereinstimmt. Der Fehler führt somit den persönlichen Veränderungsprozess, er leitet das Lernen.[18]

9) Die eigenen Fehler werden bewusst selbst korrigiert

Aber natürlich bewirkt der Fehler allein noch keinen Lernprozess, der Lernende muss sich aktiv beteiligen; genauso wenig wie der Lehrer oder Ausbilder kann auch der Fehler das Lernen nicht abnehmen, wenn man die Sache nicht selbst in die Hand nimmt.

Dazu ist es zunächst einmal notwendig, eine längere Durststrecke zu überwinden, Geduld und Ausdauer zu entwickeln, „dran"zubleiben: Sich durch den Weg von Versuch und Selbstkorrektur hindurchzuarbeiten ist allerdings mühevoll. Eine neue Fähigkeit muss erst wachsen und muss vom Erkennen und Begeistertsein in die selbstverständliche Verfügbarkeit, in die Gewohnheit gelangen, sie muss in Fleisch und Blut übergehen.

---

[18] Vgl. dazu D. Schön mit seiner Darstellung des „Reflection-in-action"-Prozesses, in: D. Schön, The Reflective Practioner, London 1983

10) Man übt, indem man sich wieder und wieder in die Situation hineinbegibt

Das Ausbilden der Fähigkeiten erfordert daher meist längeres Üben, und dieses Üben ist erst einmal mit dem Erlebnis verbunden, dass man das Neue zwar begriffen hat, es aber eben noch nicht „kann". Zahlreiche Erlebnisse des Versagens, der Unfähigkeit sind unausweichlich, immer wieder gibt es Niederlagen, weil man es immer noch nicht schafft. Das ist kein Zeichen von individueller Lernschwäche, sondern das gehört zum lernenden Umbau der eigenen Fähigkeitsgestalt. Es geschehen immer neue Fehler, und sie drohen den Lernenden immer wieder zu entmutigen. Beharrlichkeit ist jetzt eine wichtige Lernvoraussetzung, denn man kann sich nur allmählich an die neuen Fähigkeiten herantasten, sie in immer wieder neuen Situationen auf die Probe stellen, immer wieder neu ansetzen, wenn es noch nicht geklappt hat. Hier liegt ein großes Risiko, sich vorzeitig entmutigen zu lassen und aufzugeben.

11) Man festigt die neuen Fähigkeiten

Das Üben ist mühsam, insbesondere in der Phase, in der man die neue Fähigkeit bereits anfänglich beherrscht und „eigentlich" schon leidlich gut zurechtkommt. Da liegt es nahe, auf weiteres Üben verzichten zu wollen. Hier muss man dranbleiben, bis im Verlauf des Lernprozesses spürbar wird, dass sich die neuen Fähigkeiten festigen. Das ist dann selbstverständlich ein sehr wichtiger, motivierender Moment: Die neuen Fähigkeiten bewähren sich, man kann im Neuen handeln, man erhält positives Feedback aus der Situation, vielleicht auch von den Menschen, mit denen man arbeitet. Dieser Erfolg beflügelt, die ärgste Durststrecke des Lernens liegt nun hinter einem, man kann auf einmal etwas, woran man kurz zuvor noch fast verzweifelt ist.

Aber auch wenn man so endlich spürt, dass man jetzt etwas Neues kann, dass das Bemühen endlich von Erfolg gekrönt ist, bleibt noch ein weiterer Lernschritt zu gehen: Zunächst bleibt die neue Fähigkeit nämlich noch eng an die Situation gebunden, in der sie erworben wurde. So lange handelt es sich aber noch gar nicht um eine neue Fähigkeit, sondern lediglich um eine punktuelle Problemlösung. Zur Fähigkeit wird diese erst, wenn sie sich von ihrer Entstehungssituation ablöst, wenn sie generalisierbar und transferierbar wird auf andere, ähnliche Situationen. Dazu müssen sowohl das Lernergebnis wie auch der Lernprozess immer wieder reflektiert werden, um den Grad der Beherrschung des Neuen zu erkennen und ggf. weitere Lernnotwendigkeiten abzuleiten.

12) Man begibt sich bewusst in andere Situationen, bei denen die gefragten Fähigkeiten in modifizierter Form nötig sind

Ein letzter Schritt des Lernprozesses liegt also darin, die gelernten Fähigkeiten auf andere, ähnliche Situationen zu übertragen. Dies erfordert die bewusste Suche nach solchen anderen Situationen und dort den Einsatz der neuen Fähigkeit. Erst wenn dies gelingt, ist sie zum festen Besitz geworden, der nun auch flexibel angewendet werden kann und über eine gewisse Variationsbreite verfügt. Anders gesagt: Der Lernprozess ist erst abgeschlossen, wenn die neuen Fähigkeiten nicht nur „eingeschliffen" wurden und reproduziert werden können, sondern wenn sie dem Ich ganz zur freien Verfügung stehen. Das Ich muss bestimmen können, wann und wie wichtig es ist, im Sinne der neuen Fähigkeiten zu verfahren, und wann möglicherweise andere Lösungen angemessen sind.

Diese Schritte des Lernprozesses lassen sich auf alle Lernsituationen übertragen. Sie gelten auch für das „Lernen des Lernens" selbst, wenn Selbstlernkompetenz entwickelt werden soll. Auch diese kann nicht „im luftleeren Raum" erworben werden, sondern muss sich in der Auseinandersetzung mit konkreten Aufgabenstellungen bilden. Der pädagogische Ansatz folgt dabei dem „Belastungs-Bewältigungs-Paradigma", d.h., die Lernenden werden mit solchen Situationen konfrontiert, die genau das erfordern, was erst gelernt werden soll und was eben durch die Bewältigung dieser „Belastung" auch tatsächlich gelernt wird.

Hier wie bei allem Lernen ist entscheidend, dass alle Lernschritte vollständig durchlaufen werden. Lernen erfolgt nicht schon dadurch, dass man etwas aufnimmt, man muss es wirklich tätig durcharbeiten, „verdauen", mit der Lernsituation ringen, persönliche Höhen und Tiefen durchleben und sich *selbst* zum Üben motivieren.

Beim traditionellen institutionalisierten Lernen in der Berufsausbildung wie in der Schule wird hingegen häufig anders vorgegangen. Die Lernziele stehen fest, die Lernwege müssen oft nicht selbst gefunden werden, die Lernmotivation wird stillschweigend vorausgesetzt – in der Praxis sieht das anders aus, wie viele Ausbilder/innen und Lehrkräfte klagen. Es wird deutlich: *Nachhaltiges Lernen erfordert, eigenaktiv alle Lerngelegenheiten zu nutzen und die Verantwortung für den Lernfortschritt selbst zu übernehmen.*

Wenn nun in der Ausbildung Selbstlernkompetenz entwickelt werden soll, ist eine Veränderung des herkömmlichen Lernstils notwendig. Ausbilder/innen und Lehrkräfte sind dann nicht länger „Vermittler" von Wissen und Können. Sie werden vielmehr zu Lernbegleitern, die die angestrebten Lernziele für die Auszubildenden in solchen Situationen erarbeiten lassen, die genau diese Lernziele erfordern. Praktisch bedeutet das etwa: Soll ein bestimmter Inhalt der Fachpraxis gelernt werden, dann bekommen die Auszubildenden eine Aufgabenstellung, zu deren Erfüllung sie genau das brauchen, was (erst noch) gelernt werden soll.

Die Lernbegleiter haben dabei die wichtige Aufgabe, den Lernvorgang mit den Lernenden bewusst zu reflektieren. Die Reflexion und Transparenz führt dazu, dass der Lernende eigene Stärken und Schwächen kennen lernt und sich selbst in

Abstimmung mit dem Lernbegleiter daraus neue Ziele setzen kann. Indem der Lernende selbst auf seinen Lernprozess zurückblickt und ihn beschreiben und reflektieren muss, können auch die Lernerträge gesichert werden.

In Teil II finden sich Vorschläge, wie Lernkompetenz in Ausbildungsprozessen gefördert werden kann.

4. Komponente 2: Kompetenzprofil erstellen

Beim Schulabschluss bekommt man ein Zeugnis. Dieses gibt aber häufig nur unzureichend wieder, was der Einzelne wirklich kann und weiß. Schüler werden vor allem anhand ihrer Ergebnisse bei schriftlichen Arbeiten und mündlichen Tests wahrgenommen. Die Beurteilung durch die Lehrkräfte erstreckt sich also meist nur auf einen Ausschnitt. Mancher Schüler fühlt sich daher auch nicht richtig erkannt und gesehen. Man hat ein diffuses Gefühl, dass man eigentlich viel mehr kann, als die Noten sagen, aber weiß es häufig auch nicht so genau. Fähigkeiten bilden sich eben nicht nur auf der Schulbank. Viele Erfahrungen im familiären und im Freizeitbereich sind häufig ebenso bedeutungsvoll wie jene, die durch Abschlüsse belegt werden können.

Beim Übergang in die Arbeitswelt ist es schon für eine Bewerbung wichtig, die eigenen Fähigkeiten einschätzen und darstellen zu können. Angesichts der beschriebenen aktuellen Situation in der Arbeitswelt sollte man darüber hinaus in der Lage sein, im Laufe des beruflichen Werdeganges immer wieder sein persönliches Kompetenzprofil zu erfassen.[19] Denn die Kompetenz, die Fähigkeiten eines Menschen, entwickeln sich immer weiter. Sich selbst immer wieder darüber klar zu werden ist aus mehreren Gründen sinnvoll: Zum einen vergewissert man sich seines „Vermögens" so, dass man auch anderen davon berichten kann – ein Weg, um die die angesprochene „Öffentlichkeit für seine Talente" herzustellen. Zum Zweiten übt man, sich selbst realistisch einzuschätzen. Die Erfahrung zeigt, dass die meisten Menschen dazu neigen, ihre Fähigkeiten „unter Wert" zu taxieren. Eine vertiefte Beschäftigung mit der Frage: „Welche Herausforderungen und schwierigen Situationen habe ich schon gemeistert?" fördert viel mehr an Fähigkeiten zutage, als dies in formellen Zeugnissen abgebildet wird. Kompetenzerkennung hilft also auch dem

[19] Der Begriff „Kompetenz" stammt vom Lateinischen competere (zusammentreffen, gemeinsam erstreben, entsprechen, zurückkommen auf ...) ab. Der heutige Sinn wird aber durch Rückgriff auf das Verb petere (streben nach, zu erreichen suchen) deutlich. Unter Kompetenz wird allgemeinsprachlich das Vermögen, die Fähigkeit, etwas zu erreichen, verstanden. Fachliche, methodische, soziale und persönliche Fähigkeiten ergeben im Zusammenwirken auf ein bestimmtes Ziel hin die Kompetenz, bestimmte Handlungen auszuführen.

Selbstbewusstsein auf die Sprünge. Zum Dritten ist das bewusste Erkennen der eigenen Kompetenzen für die Gestaltung der eigenen Berufsbiografie hilfreich. Es unterstützt Fragen wie: Kann/weiß ich schon genügend für das, was ich mir vorgenommen habe? Oder auch: Wenn ich bei mir bestimmte Kompetenzen feststelle, die ich in meiner derzeitigen Tätigkeit gar nicht einbringen kann – möchte ich dann eine Veränderung anstreben, um meine Talente besser zu nutzen?

Mit der Zunahme der Komplexität und der Beschleunigung der Veränderungen in der Arbeitswelt gewinnt in der Berufsbildungsdiskussion auch international die Frage nach Erfassen und Anerkennen aller erworbenen Kompetenzen an Bedeutung. Die Aufmerksamkeit richtet sich besonders auf die Fähigkeiten, die *informell* erworben wurden und bisher kaum Beachtung gefunden haben. Dabei ist die Suche nach geeigneten Formen der Erfassung der Kompetenzen nur scheinbar neu. Bereits nach dem 2. Weltkrieg hat man in den USA versucht, die Fähigkeiten zurückkehrender Soldaten in Form von „credits" zu bewerten. Im kanadischen Quebec hat in den sechziger Jahren die Frauenbewegung Wege gesucht, die durch Erziehungserfahrungen gewonnenen Fähigkeiten von Frauen nach der Familienphase sichtbar zu machen. Nachdem es in Frankreich schon seit Mitte der achtziger Jahre den „Bilan de compétences"[20] gibt, entwickelten sich in den letzten Jahren in der Schweiz zwei Verfahren, die in der Berufspädagogik zunehmend Beachtung finden. Das „Schweizerische Qualifikationshandbuch, CH-Q"[21] und das „Portfolio der Kompetenzen"[22] sind zwei sehr ähnliche Anleitungen, die helfen sollen, eigene Kompetenz im Rückblick auf die bisherige Biografie zu erkennen. In der deutschen Forschungslandschaft ist besonders „Die Kompetenzbiographie"[23] von J. Erpenbeck und V. Heyse zu erwähnen, die aus einer umfangreichen Evaluation gelungener Biografien entstand, woraus eine Methode zur Erfassung des „Kompetenzprofils" entwickelt wurde. Außerdem gibt es inzwischen international eine ganze Reihe von Zertifizierungsmodellen zur Anerkennung gerade von informell erworbenen Kompetenzen, die hier nicht alle angeführt werden können. Allen Verfahren ist gemeinsam, dass es sich zunächst um die Anleitung zur Selbsteinschätzung handelt, die von ausgebildeten Personen begleitet werden kann. Dazu werden auch Dokumentationen der verschiedensten Aktivitäten in einem „Portfolio" gesammelt.

Auf dem Hintergrund der Auseinandersetzung mit den verschiedenen Methoden soll hier keine bestimmte Methode empfohlen werden. Man kann jedoch aus den

---

20 I. Drexel: „Bilan de compétences", in: Kompetenzentwicklung, Hrsg. Arbeitsgemeinschaft Qualifikationsentwicklungsmanagement, Berlin 1997

21 Schweizerisches Qualifikationshandbuch, Zürich 2000

22 Portfolio der Kompetenzen, Hrsg. effe, Biel 1993

23 J. Erpenbeck, V. Heyse: a.a.O.

verschiedenen Verfahren eine praxistaugliche Vorgehensweise entnehmen. Voraussetzung ist, zu verstehen, dass alle Tätigkeiten mit bestimmte Anforderungen verbunden sind, die die Möglichkeit bieten, Fähigkeiten auszubilden. Um dies deutlich zu machen, schildern wir dies an einem einfachen Beispiel.

Das Schälen eines Apfels

Beschreibung der Tätigkeit:
(Voraussetzung ist das entsprechende Werkzeug, ein scharfes Messer)

Man muss den Apfel in der einen Hand gleichmäßig drehen und das Messer in der anderen Hand so halten, dass die Schale flach abgeschnitten wird. Die Schale sollte so dünn wie möglich und in einem Stück abgeschält werden, um weder zu viel Verlust an der Frucht noch an Zeit zu haben.

Anforderungen:
Es ist nötig, die ganze Zeit die Drehbewegung der einen Hand mit dem ruhigen Halten des Messers in der anderen Hand zu koordinieren. Dazu muss ein bestimmter, aber nicht statischer Druck ausgeübt werden. Auch darf die Geschwindigkeit nicht zu schnell sein, aber die Bewegung muss dennoch zügig geschehen.

Fähigkeiten:
Das sind zunächst Fähigkeiten, die die Feinmotorik betreffen. Aber dazu kommt eine gewisse Konzentration, denn der Umgang mit dem scharfen Messer fordert große Aufmerksamkeit, um sich nicht zu verletzen. Auch Geduld und Feingefühl muss eingebracht werden.

Diesen Dreischritt kann man auf alle Tätigkeiten übertragen, die man untersuchen will. Komplexe Aufgabenstellungen müssen erst in ihre wichtigsten Tätigkeiten zerlegt werden. Dazu kann es hilfreich sein, die Handlung in Schritte nach der „vollständigen Arbeitshandlung"zu zerlegen.

- Übernehmen der Aufgabe
- Planen
- Sich entschließen, anzufangen
- Ausführen
- Prüfen
- Korrigieren
- Abschließen
- Auswerten

In diese Abfolge kann eine komplexe Aufgabe gegliedert werden, um sie dann Schritt für Schritt zu untersuchen. Das muss nicht formalistisch geschehen, aber so, dass man innerlich all diese Stufen eines Arbeitsablaufes durchgeht und sich dazu folgende Fragen stellt:

- Welches Ziel hat die Tätigkeit, wann ist sie gelungen?
- Wie geht man vor? (Ablauf)
- Welche Hilfsmittel werden gebraucht?
- Mit wem muss man wie zusammenarbeiten?
- Welche Informationen/Vorleistungen sind nötig/müssen wie beschafft werden?
- Wer hat welche Erwartungen an diese Tätigkeit und wie verhalten sich diese Erwartungen zueinander?
- Was kann schief gehen, was kann man leicht falsch machen, worauf muss man besonders achten?
- Welche Klippen und besonderen Schwierigkeiten sind zu meistern, welche Widerstände treten auf?
- Welche Entscheidungen sind zu treffen?

Bei der Beschreibung geht es nicht um Vollständigkeit, sondern darum, Relevantes, wirklich Charakteristisches, Typisches hervorzuheben. Am Ende sollte ein Bild dieser Tätigkeit mit ihren wesentlichen Merkmalen stehen. Was ist gerade bei dieser Aufgabe das Besondere, worauf kommt es vor allem an?

Nun kann man sich über die Anforderungen klar werden, indem man fragt: Was muss man wissen und können, um eine bestimmte Aufgabe zu erfüllen? Die Aufgabe stellt diese und jene Anforderungen, und man braucht entsprechende Fähigkeiten, um sie zu erfüllen. So liegen Anforderungen und Fähigkeiten nahe beieinander, und es kann passieren, dass man in der Tautologie stecken bleibt: „Um ein Brett zu hobeln, benötigt man die Fähigkeit, ein Brett zu hobeln." Um nun wirklich zu den Fähigkeiten zu kommen, ist es hilfreich, Begriffe zu haben, die beschreiben, was man können muss. Gängig werden diese Fähigkeiten zusammengefasst in

- Fachkompetenz (konkretes fachliches Wissen und Können)
- Methodenkompetenz (methodische Fertigkeiten und Fähigkeiten, Haltungen, Werte)
- persönliche Kompetenz (Allgemeinbildung, Entscheidungsfähigkeit, Flexibilität, Verantwortungsbereitschaft, Lernkompetenz, Zuverlässigkeit usw.)

- soziale Kompetenz (Wissen über Kommunikation, Teamfähigkeit, Konfliktfähigkeit, Toleranz usw.).

Sie können auch gegliedert werden nach

- Wissen
- Fertigkeiten
- Fähigkeiten
- Haltungen, Werte
- Selbstbild.

Um die Frage, welche Kompetenzen in einer Aufgabe gefordert sind, beantworten zu können, kann man methodisch auf Selbsterfahrung oder auf ein Expertenurteil zurückgreifen. Fachleute wissen sehr gut, an welchen Stellen sie besonders gefordert sind und deshalb sorgfältig und mit erhöhter Aufmerksamkeit vorgehen. Häufig können sie sich allerdings in die elementaren Kompetenzanforderungen ihrer Arbeit an Anfänger/innen nur noch schwer hineinversetzen.

Der Indikator für den Nachweis der entsprechenden Kompetenzen ist der Erfolg, d.h. die Frage, ob die Aufgabe „richtig" bewältigt wurde. Ist das ohne Einschränkungen und Umwege der Fall, kann man davon ausgehen, dass alle notwendigen Fähigkeiten vorhanden sind.

Bei den schweizerischen Verfahren wird unterschieden nach dem Niveau einer Fähigkeit:

- „Unter Anleitung"
- „Selbstständig bei ähnlichen Bedingungen"
- „Selbstständig bei verschiedenen Bedingungen"
- „Selbstständig erklären und vorzeigen können"

Erpenbeck und Heyse unterscheiden bei der Diagnose der Kompetenzen auch noch zwischen den Situationen, in denen eine Fähigkeit eingesetzt wird: Es wird untersucht, wie man sich zum einen unter normalen und günstigen Voraussetzungen und zum anderen bei Konflikten, Stress und Misserfolgen verhält. Das sind die „Beherrschungsgrade" der Fähigkeiten, z.B. kann jemand eine Tätigkeit sehr langsam und zögerlich und mit großer Mühe schaffen, oder er kann sie meisterhaft und sehr professionell bewältigen, so dass sie ihm scheinbar spielerisch von der Hand geht. Entsprechend unterschiedlich „kompetent" wird man ihn einstufen. Beherrscht er die Aufgabe nur teilweise, bleiben also Anforderungen unerfüllt, dann verweist dies auf einen bleibenden Lernbedarf. Dafür wäre es gut, wenn er an solchen Stellen ganz gezielt wiederholen und üben könnte.

Man kann so zwar feststellen, was jemand alles kann, aber nicht, ob er es auch anhand einer bestimmten Tätigkeit bzw. Aufgabe gelernt hat. Will man herausfinden, was jemand individuell durch eine bestimmte Tätigkeit/Aufgabe gelernt hat, dann kann man rückblickend fragen:

- Wo war jemand besonders am Anfang unsicher?
- Wo wurden zunächst Fehler gemacht?
- Worüber hat sich jemand besonders geärgert?
- Was fiel besonders schwer? Wo war jemand zunächst unzufrieden mit sich und der Qualität seiner Arbeit?
- Wo hatte jemand das Gefühl, etwas besser wissen oder können zu sollen? Wo sah jemand selbst einen Lernbedarf?

Grundlage der Untersuchung sind also die Eigenerlebnisse des Lernenden. Man muss auf dieser Grundlage dann weiterfragen, inwiefern diese Mangel- und Defiziterfahrungen im Lauf der Arbeit an der Aufgabe verschwunden sind, um daraus auf einen inneren Entwicklungs- und Veränderungsprozess zu schließen.

Die beiden ersten Schritte sind bei konsequenter Reflexion als Selbsteinschätzung im Rückblick möglich. Diese Selbsteinschätzung ist sehr wertvoll und kann dazu beitragen, sich die eigenen Fähigkeiten bewusst zu machen. Ein nächster Schritt besteht darin, auch andere in den Prozess einzubeziehen. Das können zunächst begleitende Personen sein, die gezielt nachfragen und die Selbsteinschätzung bestätigen oder auch korrigieren können. Denn die Beobachtungen und Urteile anderer, die etwas von dem Lernprozess mitbekommen haben, stellen eine gewisse Objektivität her. Damit kann die (zertifizierte) Anerkennung der Kompetenzen, auch der informell erworbenen, vorbereitet werden.

Um das Potenzial an Kompetenz sichtbar zu dokumentieren, wird ein *Portfolio* zusammengestellt. Es sollte alle formal erworbenen Qualifikationsnachweise enthalten, aber auch Dokumentationen der informellen Erfahrungen, die zur Fähigkeitsbildung beigetragen haben.

Dieses Portfolio ist nur für die Person selbst und ganz persönlich zu nutzen. Aber aus dieser Sammlung kann dann je nach Bedarf für eine Bewerbung ein Auszug ausgearbeitet werden, der als sog. *Dossier* den eigenen Bewerbungsunterlagen beigefügt wird. Dieses Verfahren erlaubt es, passgenau die informell erworbenen Kompetenzen auszuwählen, die für die angestrebte Stelle relevant erscheinen.

Im Überblick ergibt sich für das Vorgehen zur Kompetenzerfassung folgendes Bild:

Schritte zur Einschätzung der Kompetenz

Beschreibung einer Tätigkeit

↓

Untersuchung der darin enthaltenen Anforderungen

↓

Feststellung der dazu benötigten Fähigkeiten

↓

Gliedern in die Kompetenzart

↓

Einschätzung des Niveaus der vorhandenen Fähigkeiten

5. Komponente 3: Biografischen Blick entwickeln

Der Begriff „Biografie" war traditionell geläufig im Zusammenhang mit der Beschreibung der Lebensgeschichte wichtiger Persönlichkeiten – etwa „Napoleons Biografie", so dass manche Menschen daraus ableiten, sie hätten lediglich einen „Lebenslauf", „Biografien" hingegen bezeichneten außergewöhnliche Lebensläufe. Heute jedoch besinnt man sich auf den ursprünglichen Sinn des Begriffs, der „das dem Leben Eingeschriebene" bedeutet und sich also auf die Lebensgeschichte eines jeden Menschen bezieht, im Unterschied zum „Lebenslauf", der eher äußere Verläufe im Leben eines Menschen meint, wie beispielsweise der klassische Lebenslauf bei Bewerbungen zeigt.

Man kann es auch so ausdrücken:

> „Lebenslauf" ist die „‚soziale Tatsache' der Ordnung des Lebens entlang der Achse der Lebenszeit. Über das Konzept der Biografie wird das Geschehen entlang der Lebenszeit aus der Binnenperspektive des sich erinnernden, erzählenden oder seine Zukunft entwerfenden Subjekts gesehen (...) Die biografische Ebene betont die Handlungs- und Deutungsabhängigkeit dieses

> Geschehens, bringt somit in hohem Maße die Offenheit, prinzipielle Unabschließbarkeit des Horizonts sozialer wie individueller Entwicklung zum Ausdruck."[24]

In unserer Kultur ist bislang eher eine an äußeren Zäsuren orientierte Betrachtungsweise gängig. Man unterscheidet das menschliche Leben nach Kindheit, Jugend, Erwachsenenleben und Alter, wobei die Grenzen zwischen diesen einzelnen Abschnitten zunehmend verschwimmen – wann endet „Kindheit", wann beginnt „Alter"? Einige Lebensabschnitte werden darüber hinaus eingehender diskutiert, beispielsweise die Pubertät. Ebenso verweisen Schlagworte wie „Midlife crisis" darauf, dass sich offenbar in der sehr langen Phase des Erwachsenenlebens doch auch Unterschiede zeigen.

Insbesondere Psychologen und Pädagogen haben jedoch schon seit langem darauf aufmerksam gemacht, dass sich wesentlich differenziertere Phasen des menschlichen Lebens unterscheiden lassen, wenn man das Augenmerk stärker auf die inneren Entwicklungen eines Menschen als auf äußere Lebenseinschnitte richtet. Damit knüpfen sie an alte Traditionen an.

Beispiele traditioneller Lebensphasen-Gliederungen

Das alte Griechenland unterschied zehn „Hebdomaden", d.h. 7-Jahres-Abschnitte:

Der Junge, ein Kind noch, bekommt die Zähne mit sieben Jahren,
Wenn der Himmel ihm noch sieben Jahre gönnt, erreicht er die Pubertät,
In seinem dritten Lebensalter, wenn die Gliedmaßen wachsen, sprießt der Bart in wechselnden Farben auf seinem Kinn,
In seiner vierten Siebenzahl bekommt er die volle körperliche Kraft und beweist seinen männlichen Mut,
In seiner fünften Siebenzahl denkt der nun reife Mann an eine Frau und an seine künftigen Nachkommen,
In seiner sechsten ist der Verstand des Mannes allem gewachsen und vertut er die Zeit nicht mit Geistlosigkeiten,
In seiner siebten und achten sind Verstand und Beredsamkeit auf ihrem Höhepunkt, und dies bleibt so vierzehn Jahre lang,
In seiner neunten Siebenzahl verbleibt ihm noch etwas Kraft, aber Redekunst und Weisheit haben sichtlich abgenommen,
Und wer sich in seiner zehnten Siebenzahl befindet, der soll sich vorbereiten auf einen nicht vorzeitigen Tod.

(Solon, 7.–6. Jh. v. Chr.)

---

[24] W. Schefold: Ansätze zur einer Theorie der Jugendhilfe, in: Diskurs, Heft 2, München 1993, zit. nach: L. Böhnisch, Sozialpädagogik der Lebensalter. Weinheim und München 1997, S. 33

Die Römer gliederten das Leben in fünf Phasen:

> *1. Phase: Pueritia, frühe Kindheit, latente Pubertät (bis 15 Jahre)*
> *2. Phase: Adolescentia (15 bis 25 Jahre)*
> *3. Phase: Juventus, erster Abschnitt des Erwachsenseins (25 bis 40 Jahre)*
> *4. Phase: Virilitas, zweiter Abschnitt des Erwachsenseins (40 bis 55 Jahre)*
> *5. Phase: Senectus, Alter (ab 55 Jahren)*

Eine chinesische Weisheit betont die Aufgaben, die verschiedene Lebensabschnitte haben:

> 20 Jahre um zu lernen, 20 Jahre um zu kämpfen, 20 Jahre um weise zu werden.

In ähnlicher Weise charakterisiert im ersten Drittel des 20. Jahrhunderts die Psychologin Charlotte Bühler fünf Abschnitte mit den jeweiligen Aufgaben: 1. „Anfangsphase" (0 bis 15 Jahre); 2. „Suchen und Ausprobieren" (15 bis 25 Jahre); 3. „Der endgültige Weg" (25 bis 45 Jahre); 4. „Höhepunkt" (45 bis 55 Jahre); 5. „Bilanz ziehen und Rückzug" (ab 55 Jahren).

In jüngster Zeit erfährt das Thema Biografie einen deutlichen Aufschwung, insbesondere werden Themen wie „Dem Leben Gestalt geben", „Die Wendepunkte des Lebens meistern", „Biografisches Erzählen" und Ähnliches meist in populärwissenschaftlicher Form behandelt. Dies ist angesichts der geschilderten aktuellen Situation sicherlich kein Zufall, sondern spiegelt wider, dass Menschen heute zu „Produzenten ihrer eigenen Lebensgeschichte", zu „Lebensunternehmern" werden müssen. „Individualisierung" meint eben auch, dass man heute keine vorgeformten Lebensentwürfe und Rollen mehr übernehmen kann, sondern dass man sich und seine Biografie selbst steuern und gestalten muss. Daher sprechen manche Sozialwissenschaftler bereits von einer „Biografisierung" des Lebenslaufs. Die Arbeit an der eigenen Biografie erst ermöglicht es, die heute oft zersplitterten, vielfältigen Bestandteile des „Lebenspuzzles" zu integrieren. Angesichts der normal gewordenen mehrfachen „Anläufe" im Leben – mit „Lebensabschnittspartnern" privater wie beruflicher Natur – entsteht die Notwendigkeit erhöhter individueller Prägung des eigenen Lebens, so dass sich Kontinuität aus eigener innerer Leistung des Individuums ergeben muss, wenn äußere Kontinuitäten brüchig geworden sind. Moderne Menschen müssen „Historiker der eigenen Lebensgeschichte" werden, um die Linien ihres Lebens zu entdecken, die aus den Puzzleteilen dennoch eine Gesamtgestalt entstehen lassen.

Dazu wird eine Betrachtungsweise benötigt, die die inneren Entwicklungen des Einzelnen in den Blick nimmt, sie daraufhin befragt, was sie aus der Vergangenheit verdeutlichen, und die für die Zukunft keine linearen Fortschreibungen ableitet, sondern in einem geradezu künstlerischen Akt „verstehend" danach fragt, welche neuen Entwicklungsrichtungen möglich sein könnten.

In unserem Zusammenhang tritt also die lebenslange persönliche Entwicklung in den Vordergrund. Dabei geht es nicht um „Selbstfindungstrips", sondern darum, eigenständige Orientierungen zu finden. Dies gelingt jedoch nur, wenn man dazu bereit ist, das „eigene Leben in die eigene Hand" zu nehmen, wie der Soziologe Ulrich Beck griffig formuliert hat. Es bedeutet, nicht auf Lösungen und Orientierungsangebote von außen zu warten, auch mit Krisen und Unsicherheiten produktiv, d.h. lernend umzugehen und aus der Bewältigung der Krisen den Übergang in eine neue Phase zu schaffen. Dies betrifft insbesondere auch berufliche Fragen und Umbrüche, die erst in einen Gesamtzusammenhang gestellt neue Richtungen und Entwicklungsmöglichkeiten weisen können.

Mit Sören Kierkegaard gesprochen: „Das Leben kann nur rückwärts verstanden, aber nur vorwärts gelebt werden."

In diesem Prozess ist es hilfreich, sich mit den biografischen Phasen näher zu beschäftigen, um zu erkennen, dass bestimmte Erscheinungen, die man zunächst nicht deuten kann, möglicherweise zu einer bestimmten Lebensphase notwendig dazugehören. Dadurch wird die Bewältigung z.B. von Krisen nicht einfacher, aber man kann deren biografischem Sinn auf die Spur kommen und daraus Zuversicht schöpfen.

Die Krisen und Wendepunkte stellt insbesondere Erik Erikson[25] in den Mittelpunkt seiner Biografie-Darstellungen. Er verweist darauf, dass der Übergang von einer Lebensphase in die nächste zumeist mit einer Krise einhergeht. Die „Krise der Geburt" steht am Anfang des Auf-die-Welt-Kommens, in der Pubertät wird die „Krise der Reifung" erlebt, gegen das 30. Lebensjahr die „Krise durch die Erfahrung", um das 40. Lebensjahr die „Krise durch die Erfahrung der Grenze" und gegen Ende des fünften Lebensjahrzehnts die „Krise der Loslösung". Innerhalb der verschiedenen Lebensphasen stellt Erikson heraus, dass diese jeweils polare Entwicklungsrichtungen nehmen können. So können sich etwa bereits

- im ersten Lebensjahr Vertrauen bzw. Misstrauen entwickeln,
- im zweiten und dritten Autonomie bzw. Zweifel,

25 E. Erikson: Identität und Lebenszyklus. Frankfurt/M. 1997

- im vierten und fünften Initiative bzw. Schuldgefühl,
- vom sechsten bis elften Lebensjahr Leistung bzw. Minderwertigkeit,
- im Jugendalter Identifizierung bzw. Rollenverwechslung,
- im frühen Erwachsenenalter Kontaktfähigkeit bzw. Isolierung,
- im mittleren Lebensalter soziale Aufgeschlossenheit bzw. Selbstversunkenheit und
- im Alter Lebenserfülltheit bzw. Verzweiflung.

Wir konzentrieren uns in der folgenden Darstellung auf die Lebenszeit, die üblicherweise mit beruflichen Fragen in Zusammenhang steht. Wir gehen in zwei Schritten vor: Zunächst werden die verschiedenen Phasen eher allgemeiner charakterisiert, dann eingehender in ihrer beruflichen Ausprägung geschildert. Bei dieser Darstellung stützen wir uns zum einen auf entsprechende Literatur (vgl. Literaturverzeichnis im Anhang), zum andern auf Beiträge von Teilnehmerinnen und Teilnehmern an Weiterbildungsveranstaltungen. Die Einteilung der Phasen in Sieben-Jahres-Schritten folgt gängigen Biografieauffassungen und wird von vielen als Alltagserfahrung wiedererkannt. Wir beschränken uns auf idealtypische Schilderungen, die natürlich nicht auf jeden einzelnen Menschen zutreffen müssen und überdies vor dem Hintergrund unserer Kultur zu verstehen sind.

Obwohl jedes Leben höchst individuell ist, lassen sich dennoch allgemeine Gesetzmäßigkeiten in der Biografie beschreiben. Alltäglich wird einem dies bewusst, wenn man beispielsweise spontan das Gefühl hat, ein bestimmtes Verhalten oder Outfit eines Menschen sei „nicht altersgemäß" – offenbar gibt es eine Art inneres Bild davon, was einem bestimmten Alter zukomme.

Ein weiterer Anhaltspunkt ergibt sich, wenn man sich beispielsweise fragt: Wie ist eigentlich das Verhältnis zwischen körperlicher, seelischer und geistiger Entwicklung beschaffen bei einem Kind, einem Erwachsenen in den Dreißigern und einem alten Menschen? Es wird deutlich, dass beim Kind das körperliche Wachstum dominiert, auch wenn es natürlich gleichzeitig vieles lernt und sich rasch auch seelisch entwickelt. Dieses körperliche Wachstum ist gegen Ende der Pubertät vollzogen, die körperliche Verfassung bleibt bis ins frühere Erwachsenenalter auf etwa ähnlichem Niveau, obwohl sich bereits ab den Dreißigern erste Einschränkungen zeigen. Die seelische und geistige Entwicklung hingegen können voranschreiten und hören selbst dann nicht auf, wenn körperliche Abbauerscheinungen bereits deutlich einsetzen – vorausgesetzt, der Mensch arbeitet an seiner Entwicklung.

Bildlich dargestellt:

Entwicklungsphasen des Menschen

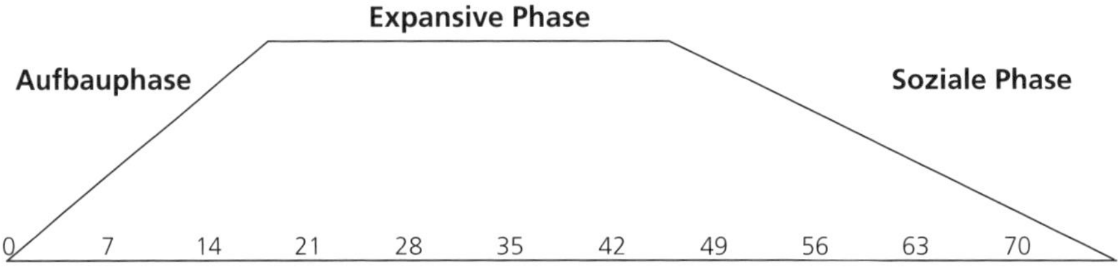

Nachahmung der Umwelt	Eigene Empfindungen	Kritisches Denken	Sturm und Drang	Harmonie durch Ordnen	Distanz zu sich und der Welt	Wer bin ich wirklich?	Resignation oder neue Kreativität	Lebensweisheit weitergeben	Neue Initiative möglich
			erleben	verstehen	bewerten				

Für die einzelnen Phasen lassen sich also Stichworte finden, die erste Hinweise auf die darin enthaltenen Entwicklungsschritte und Entwicklungsaufgaben geben.

Phase 1: Geburt bis ca. 7 Jahre: Für die erste Kindheitsphase bis zum 7. Lebensjahr beschränken wir uns auf den Hinweis, dass ihr charakteristisches Merkmal die Nachahmung ist – das kleine Kind muss alles lernen, gehen, sprechen, sich in seiner Umwelt bewegen. Es wächst in seine eigene Körperlichkeit und seine familiäre Umgebung hinein. Sein Nachahmungstrieb gibt ihm Anreize, das Wahrgenommene selbst auszuprobieren (beispielsweise lernen Kinder nicht sprechen, wenn mit ihnen nicht gesprochen wird). Dass bereits in der frühen Kindheit zentrale Prägungen erfolgen, ist inzwischen allgemein bekannt. Der Kreis, in dem sich das Kind bewegt, ist zunächst recht klein.

2. Phase: 7 bis 14 Jahre: Mit Eintritt in die nächste Phase ändert sich das deutlich. Der Zahnwechsel um das 7. Lebensjahr markiert einen Einschnitt – das Kind bekommt ein wesentliches individuelles Merkmal, seine eigenen Zähne, die anders als das Milchgebiss unverwechselbar sind. Gegen Ende der Phase will sich das Kind tätig mit seiner Umgebung auseinander setzen – der „Werksinn" (Erikson) erwacht, eine initiative Haltung, die Nützliches tun und sich erproben will. In diese Zeit fällt der Schuleintritt mit vielen neuen Eindrücken und Anforderungen. Zwar wird anfangs noch immer viel nachgeahmt, aber es wird deutlich, dass das Kind seine eigenen Empfindungen, seinen eigenen Bezug zu seiner Umwelt entwickelt. Die Suche nach Identifikationsmöglichkeiten löst die Nachahmung ab. Neue Leitfiguren treten in seinen Gesichtskreis, es sucht nach „echten Autoritäten". Lehrer sind gefragt, „die Flamme des verborgenen Talents anzufachen", wie Erikson fordert.

3. Phase: 14 bis 21 Jahre: Die Suche nach einer eigenständigen Identität ist das Merkmal der anschließenden Phase, in die die Pubertät fällt. Zur körperlichen und seelischen Entwicklung tritt verstärkt die geistige. Das eigene kritische Denken erwacht und stellt bisher akzeptierte Personen und Werte in Frage. Das Grundgefühl des fraglosen Zuhauseseins im eigenen Körper zerbricht, mühsam muss der nun Jugendliche die Veränderungen austesten und sich allmählich neu mit seinem Körper anfreunden. Schwerer noch als die körperliche Entwicklung sind die seelischen Stürme zu bewältigen, denen die Jugendlichen ausgesetzt sind. Endgültig erleben sie jetzt eine „Subjekt-Objekt-Spaltung", d.h., sie erkennen und empfinden, dass sie „jemand ganz anderes" als die anderen sind. Das Grundgefühl ist ein Herausfallen aus der bisherigen Welt, ein „Wundwerden" an der Welt. In der Negation des Bisherigen versuchen Jugendliche allmählich herauszufinden, was wirklich ihre eigene Identität sein könnte. „Probe-Identitäten" werden ausgetestet, die sich an (medialen) Vorbildern orientieren und häufig vom Gefühl der Verwirrung und „Identitätsdiffusion" (Erikson) begleitet sind. Bis sich allmählich Konturen einer gefestigten eigenen Identität zeigen, braucht es auch Umwege blinder Identifikation und wütender Ablehnung. In diesem Alter gibt es eine starke Suche nach Wahrheit, nach Werten und Idealen, die allerdings zunächst nur in der Vorstellung vorhanden sind und nur selten bereits verwirklicht werden können.

Gegen Ende dieser Phase beruhigt sich die Entwicklung, ein gewisser neuer Realismus stellt sich ein. In dieser Phase, in der der Jugendliche vor allem anderen mit sich selbst beschäftigt ist, treten zusätzlich zu den schulischen noch weitere Anforderungen von außen an ihn heran. Er muss sich spätestens gegen Ende dieser Phase mit der Frage auseinander setzen, welchen beruflichen Weg er einschlagen will. Häufig hat er selbst diese Frage noch gar nicht, aber das Ende der Schulzeit naht, und damit sind Überlegungen für die Zukunft fällig. Zu Hilfe kommt dem Jugendlichen hier, dass sich in ihm der Wunsch regt, endlich „raus ins Leben" zu gehen, etwas „Wirkliches" zu machen, die Welt jenseits der Schule und des vertrauten Umkreises zu entdecken.

Berufsbiografische Aspekte: Heute ist es für Jugendliche schwieriger denn je, herauszufinden, was sie werden wollen. Dies liegt nicht nur an den einerseits sehr großen Möglichkeiten des potenziellen Angebots, andererseits den realen Beschränkungen des Arbeitsmarkts. Es hat vor allem damit zu tun, dass die verlängerten Schulzeiten und das noch immer mangelnde Angebot an Berufswahlbegleitung in den Schulen die Beschäftigung mit dem Thema erschweren. Zugleich sind anders als in früheren Zeiten Empfehlungen von Seiten der Eltern nicht mehr tragfähig, da niemand Prognosen über die Sicherheit von Perspektiven abgeben kann. Der Jugendliche ist also gefordert, selbst herauszufinden, welchen Beruf er lernen will bzw. besser: mit welcher Ausbildung er seine Berufsbiografie beginnen will. Und dies angesichts des Umstands, dass Jugendliche heute nach Beobachtung von

Experten wie Psychologen und Pädagogen kaum mehr „besonders deutliche" Begabungsschwerpunkte aufweisen, sondern „alle (fast) alles können". Mangelnde Übersicht über das Angebot und vor allem Unklarkeit über eigene Fähigkeiten und Strebungen machen die Berufsfindungsphase zu einer schwierigen Zeit für alle Beteiligten.

4. Phase: 21 bis 28 Jahre: So steht der Mensch zu Beginn der nächsten Phase, mit Anfang 20, bildlich gesprochen mit seinem „Rucksack" bereit zum Aufbruch. Er ist jetzt im „Abenteuer-Alter" und sucht die Expansion. Die Lust zu reisen ist groß, auch wenn die Route unklar und die finanziellen Mittel eng sind. Zu keiner anderen Zeit im Leben hat der Mensch so viel Kräfte zur Verfügung und zugleich so wenig Bedenken, er könne etwas nicht schaffen. Charakteristisch ist die Neugier, die Lust, Neues zu entdecken, alles Mögliche auszuprobieren. „Erst mal raus und schauen!" ist die Devise dieser „Sturm-und-Drang-Periode". Dies gilt für alle Lebensbereiche, auch etwa für Beziehungen, die erprobt, gewechselt, neu angeknüpft werden. Nach Mitte zwanzig lässt der Expansionsdrang nach, wenn viele Erfahrungen gemacht wurden, stellt sich ein gewisses Sättigungsgefühl ein. Gegen Ende Zwanzig verdichtet sich das zum Bedürfnis, die Erfahrungen zu sortieren, zu schauen, was man davon weiterverfolgen will. Jetzt soll es ernsthafter weitergehen. Die Frage „Wo will ich wirklich hin?" wird wichtig. Bindungen sollen jetzt stabileren Charakter bekommen, die Beliebigkeit befriedigt nicht mehr. Die Frage „Wo ist mein Platz in der Welt?" verlangt nach Antwort. Eine gewisse Desillusionierung tritt auf, teils aus innerem Empfinden, teils aufgrund der nicht mehr überhörbaren Anforderungen von außen, sich jetzt endlich der Realität zu stellen, sich beispielsweise auf einen festen Arbeitsplatz einzulassen oder eine Familie zu gründen.

Berufsbiografische Aspekte: In dieser Phase müssen Entscheidungen über den Beginn des Berufswegs fallen, selbst wenn die Entscheidung beispielsweise durch ein Studium herausgeschoben werden kann. Häufig handelt es sich ja gar nicht um eine tatsächliche Wahl, sondern man nimmt das, was sich eben ergibt. Wichtig ist, dass die jungen Erwachsenen sich erproben, dass sie ihre eigenen Stärken und Schwächen und ihre Leistungsgrenzen kennen lernen können. Ist eine Ausbildung begonnen worden, müssen eine Fülle von Lern- und Anpassungsleistungen erbracht werden, man muss lernen, sich mit der neuen Arbeitsumgebung zu arrangieren. Das richtige Maß zwischen Durchhaltevermögen und Mut zum Wechsel sind gefragt, wenn sich herausstellt, dass die getroffene Wahl doch nicht stimmig ist. Vorschnelles „Springen" ohne ausreichende Erfahrung am alten Arbeitsplatz oder vorschnelle Fixierung auf die Stelle aus Sicherheitsbedürfnissen stellen gleichermaßen Gefahrenquellen dieser Phase dar. Wichtig ist, dass der junge Erwachsene offen und neugierig bleibt, dass er dafür eine positive, entwicklungsfreundliche Atmosphäre vorfindet. Günstig ist es, ihm begrenzt Verantwortung zu übertragen und ihn bei der Strukturierung seiner Erfahrungen mit den Aufgaben und mit sich selbst zu unterstützen.

5. Phase: 28 bis 35 Jahre: Die folgende Phase stellt einen entscheidenden Wendepunkt im menschlichen Leben dar. Endgültig müssen die – von außen gegebenen wie die selbst geschaffenen – Realitäten des Lebens anerkannt und bewältigt werden. Diese Phase ist von einem größeren Ernstcharakter geprägt, der einerseits zu einer realistischen Lebenseinstellung führt, andererseits jedoch auch die „Krise durch die Erfahrung" (Erikson) mit sich bringt. Man bemerkt erste Grenzen: Manches wird man in seinem Leben nicht mehr schaffen, von manchen Phantasien verabschiedet man sich. In diesem Altersabschnitt wird auch bemerkbar, dass man seine eigene Entwicklung jetzt endgültig selbst in die Hand nehmen muss, es ist, als sei der Vorrat an „Überschusskräften", die früher vieles leichter machten, aufgebraucht. Jetzt geht es darum, die eigenen Erfahrungen auszuwerten, daraus längerfristig gültige Schlüsse zu ziehen. Nicht umsonst wird diese Phase auch als „organisatorische" Phase bezeichnet. Damit ist gemeint, dass sich die Orientierung an der Außenwelt verstärkt – insbesondere Männer neigen dazu, ihr „Leben in den Griff" zu nehmen, es nach rationalen Gesichtspunkten durchzuorganisieren, ihre Karriere voranzutreiben und die Gefühlsaspekte zu vernachlässigen. Die Suche nach materiellen Werten und Statussymbolen wird besonders wichtig. Frauen verspüren in besonderer Weise das „Ticken der biologischen Uhr" und befassen sich in dieser Phase mit der Frage des Kinderwunschs. Oft genug stoßen sie dabei auf die Grenzen der Vereinbarkeit von Beruf und Familie. Beide Geschlechter müssen sich damit auseinander setzen, dass sie ihre weiblichen und männlichen Anteile anerkennen und ins Gleichgewicht bringen („animus" und „anima", nach C. G. Jung). Dies muss jetzt ganz bewusst auf dem Weg der Selbstentwicklung geschehen, will man nicht in Einseitigkeiten abrutschen.

Vor allem gegen sein Ende bringt dieser Altersabschnitt erste tiefe Krisen mit sich. Man spürt, dass man mit der eigenen Jugend endgültig abschließen muss („dreißig zu werden" markiert für viele diesen Punkt), dass man jetzt wirklich zu den „Erwachsenen" gehört – obwohl man mitunter das Gefühl hat, mit den damit verbundenen Anforderungen noch gar nicht richtig zu Rande zu kommen. Insofern fällt in diese Phase tatsächlich eine Wende, die mitunter recht dramatische Ausmaße annimmt, so dass man hier von der Notwendigkeit einer Haltung des „Stirb und Werde" (Goethe) sprechen kann.

Berufsbiografische Aspekte: In dieser Phase ist der Bezug zur eigenen Arbeit vom Wunsch nach Erfolg und Effizienz gekennzeichnet. Häufig nimmt der Beruf die erste Stelle im Leben ein, das Streben gilt dem Aufbau der Karriere (für Frauen mit den geschilderten Ambivalenzen) und der Suche nach längerfristiger Verantwortung im Beruf. Gefährdungen bestehen darin, die eigene Durchsetzungsfähigkeit überzubetonen. Um die Balance zwischen beruflichen und familiären Interessen herzustellen, bedarf es nicht nur entsprechender Anstrengungen der Person, sondern auch gesellschaftlicher Veränderungen sowie familienfreundlicher Arbeitsstrukturen. Unternehmen sollten kritisch hinterfragen, ob sie gut damit beraten sind, in ihrer Altersstruktur die Anfang Dreißigjährigen dominieren zu lassen, da damit möglicherweise langfristige, nachhaltige Konzepte gegenüber kurzfristigen Effizienzbestrebungen in den Hintergrund treten.

6. Phase: 35 bis 42 Jahre: Im ersten Drittel dieser Phase klingen häufig noch die Schwierigkeiten nach, die mit der notwendigen Wende der vergangenen Phase zusammenhängen. Diese Zeit erleben viele wie eine „Mauserzeit" bei Vögeln – man verliert das alte „Jugend-Gefieder" und steht nackt und bloß da, unsicher, ob neue Federn wachsen werden.

Ist die Wende geschafft, bemerkt man allmählich, dass nicht nur äußere Werte wichtig sind, sondern dass man sich zunehmend fragt: Wer bin ich wirklich? Der vierzigste Geburtstag kann resignierte Gefühle hervorrufen, häufig entsteht ein Gefühl der Leere und Verunsicherung – „Jetzt bin ich schon vierzig und weiß immer noch nicht genau, was ich im Leben will." Außerdem wird bemerkbar, dass nun endgültig die Lebensmitte erreicht ist, voller Sorge fragt man sich, ob „das schon alles gewesen ist". Viele Menschen berichten in diesem Alter von Erfahrungen, dass sie sich plötzlich ohne Illusionen sehen, ja, dass sie das Gefühl haben, nichts zu können und nichts zu sein. Vieles von dem, was bisher tragfähig schien, wird fraglich – man erlebt die „Krise der Werte". Manche haben das Gefühl, sie müssten noch ganz schnell Versäumtes nachholen oder äußere Bedingungen verändern: sie suchen eine neue Arbeitsstelle, steigen aus ihrer Ehe oder Beziehung aus und möchten einen neuen Anfang machen. Doch stellen sie fest, dass sie auch in neuen Situationen mit sich selbst konfrontiert werden. Das heißt, in diesem Lebensabschnitt ist eine innere Neuorientierung notwendig. Die „expansive" Phase muss abgeschlossen, die Suche nach dem Sinn des eigenen Lebens intensiviert werden. Eine Neuorientierung sollte den Übergang von einer Orientierung am „Haben" zum „Sein" (E. Fromm) finden. Dies gelingt dann, wenn man eine gewisse Distanz zu sich selbst entwickelt, die es erlaubt, sich selbst wirklich realistisch zu betrachten. Dann tritt ein gesteigertes Interesse an der Umwelt ein, man verspürt allmählich das Bedürfnis, nicht nur für sich selbst, sondern auch für andere da zu sein, die eigenen Fähigkeiten in den Dienst anderer zu stellen – die „soziale Phase" ist erreicht.

Berufsbiografische Aspekte: Trotz erster Altersanzeichen wird im Beruf nach der Devise „Keine Schwäche zeigen" verfahren. Belastungen werden verdrängt oder drücken sich in Selbstzweifeln aus. Es geht jetzt darum, ein neues Bewusstsein der eigenen Fähigkeiten zu entwickeln, den Bezug zur eigenen Arbeit neu zu definieren und zu fragen, welchen Sinn die Arbeit für einen selbst und für andere hat. Bisherige Orientierungen werden überprüft, insbesondere entlang der Frage: „Ist der Beruf wirklich alles?" Diese Sinnkrise kann beruflich dazu führen, dass man sich in Aktionismus und impulsive Entschlüsse stürzt oder noch mehr Ehrgeiz entwickelt. Zugleich wird man sich bewusst, dass der Wechsel in eine andere Stelle nicht mehr einfach sein wird. Die Aufgabe besteht nun darin, „die Sache" über den persönlichen Erfolg zu stellen und andere neben sich bestehen zu lassen.

In diese Phase fällt für viele Frauen die Rückkehr in den Beruf nach der Familienphase. Sie müssen nicht nur mit der Problematik des eng gewordenen Arbeitsmarkts zurechtkommen, sondern haben darüber hinaus meist das Handicap, nicht mehr auf dem neuesten Qualifikationsstand ihres bisherigen Berufs zu sein. Sie müssen sich also weiterbilden. Im günstigen Fall anerkennen Personalverantwortliche, dass Frauen in der Familienphase zahlreiche neue Kompetenzen erworben haben, und stellen neue Tätigkeiten zur Verfügung, bei denen diese Kompetenzen eingesetzt werden können. Viele Frauen nutzen jedoch den Wiedereinstieg auch, um sich beruflich neu zu orientieren.

7. Phase: 42 bis 49 Jahre: Aus der Bewältigung der Krisen des vorigen Abschnitts entstehen neue Kräfte, die darüber hinweghelfen, dass körperliche Alterserscheinungen zunehmen und bestimmte (physische) Fähigkeiten (bei Frauen etwa, Kinder zu bekommen) nicht mehr zur Verfügung stehen. Gelingt es, diesen Verlusten nicht nachzutrauern, treten soziale Strebungen in den Vordergrund. Man fragt sich jetzt, was man für andere leisten kann. Viele Menschen stellen insbesondere in der zweiten Hälfte dieser Phase an sich neue Aspekte von Reife und Souveränität fest, die es möglich machen, die eigenen Werte wichtig zu nehmen und ihnen gemäß zu leben. Das Interesse, mit anderen zusammen wirksam zu werden, vergrößert sich gegenüber früheren Phasen, in denen man vor allem Anerkennung für die eigene Leistung suchte. Auch kann man jetzt mehr Verantwortung übernehmen und sucht nach größeren Herausforderungen. Man möchte anderen ein kompetenter Partner sein und echte Autorität entwickeln. Dies gelingt dann, wenn das „Sein" wichtiger als der „Schein" geworden ist, man zu sich selbst mit seinen Stärken und Schwächen stehen kann. Andernfalls drohen Depression, Klammern an erreichten Positionen und Konkurrenzdenken.

Berufsbiografische Aspekte: Im Beruf braucht man daher in dieser Phase die Möglichkeit, komplexere Aufgaben mit mehr Verantwortung und/oder Führungsaufgaben zu übernehmen. Man sucht nach Arbeiten, bei denen Wissen, Lebenserfahrung und Urteilsfähigkeit gefragt sind. Zugleich bemerkt man, dass die körperliche Belastbarkeit nachlässt, die Bereitschaft, anderen Kollegen uneigennützig die eigenen Erfahrungen zur Verfügung zu stellen, jedoch wächst. Gelingt diese innere Veränderung nicht, besteht die Gefahr von Machtkämpfen und von Festklammern am einmal erreichten Posten. Zynismus, Verbreiten einer negativen Stimmung, kleinliche Kritiksucht und Verklären der Vergangenheit („Bei uns damals lief das noch!") können ebenfalls Zeichen eines nicht gelingenden anfänglichen Loslassens sein. Denn das ist die zentrale Aufgabe dieses Lebensabschnitts: einerseits anzuerkennen, dass man sich ganz allmählich auf das Ende der Berufstätigkeit zu bewegt, andererseits dennoch lernfähig zu bleiben, nicht in innere Kündigung zu verfallen, sondern stattdessen ein guter Begleiter der Kollegen zu werden und Lernfähigkeit für *alle* als Wert zu leben. Der Umstand, dass man nicht mehr alles machen kann, hat die positive Seite, nicht mehr alles selbst machen zu müssen, sondern andere zum Zug kommen zu lassen.

Hilfreich ist hier, den eigenen Kompetenzzuwachs zu beobachten, indem man die besonderen Qualitäten entdeckt, die einem in dieser Phase zur Verfügung stehen („Manches fällt mir zwar schwerer als früher, aber dafür gelingt es mir besser ..."). Zu diesen neuen Qualitäten gehört, dass sich eine objektivere Sicht auf die Dinge einstellt, die es erleichtert, auch schwierige und u.U. unpopuläre Entscheidungen im Interesse der Sache zu treffen. Ebenso ist hilfreich, schöpferische Aspekte der eigenen Arbeit zu entdecken, nach dem Grundsatz „Das Gewohnte anders/neu tun".

8. Phase: 49 bis 56 Jahre: „Wie ein Mensch als Fünfzigjähriger lebt und arbeitet, hängt in vielem davon ab, wie er die vorhergehenden Übergangsphasen durchlaufen hat."[26] „Resignation oder neue Kreativität" könnte als Überschrift über dieser Phase stehen. Spätestens jetzt hat man seinen persönlichen Lebensstil gefunden. Lebte man mit der eigenen Familie, so sind üblicherweise jetzt die Kinder aus dem Haus. Paare müssen sich neu definieren lernen, der einzelne Mensch ist gefordert, nicht in den Alltagstrott zu verfallen, sondern trotz zunehmender (körperlicher, mitunter auch seelischer) Mattigkeit immer wieder neu das herauszufinden, woran er sich begeistert, wofür er sich einsetzen will. Dann bemerkt er, dass neue Kreativität entsteht, dass ihm so etwas wie „Lebenskunst" möglich wird. Er kann andere uneigennützig fördern und zur Vertrauensperson werden. Daraus muss er keine Selbstbestätigung ziehen, sondern kann sich an der Entwicklung anderer freuen. Als neue Qualität erwächst die Fähigkeit, aus dem Überblick zu urteilen und zu handeln, größere Zusammenhänge werden erkannt, nicht zuletzt deshalb, weil seine Distanz zur eigenen Person noch ein wenig größer wird. Dies ist auch hilfreich, um die nun unübersehbaren körperlichen Abbauerscheinungen nicht überzubewerten, sondern sich auf seine innere Entwicklung zu konzentrieren. Bereits bestehende Interessen werden gründlicher vertieft, neue Gebiete erschlossen.

---

26 J. van der Brug, K. Locher: Unternehmen Lebenslauf. Biografie, Beruf und persönliche Entwicklung. Stuttgart 1997, S. 230

Berufsbiografische Aspekte: Der Blick für Wesentliches bestimmt auch die Bestrebungen im Beruf. Das Interesse an allgemeineren Planungs- und Führungsproblemen wächst. Die Fähigkeit, andere uneigennützig zu beraten und zu begleiten, entwickelt sich deutlich. Kann man derartige Interessen nicht angemessen verwirklichen oder stagnierte die eigene Entwicklung, können Gefühle des Ausgebranntseins, der Leere und Resignation sich breit machen. Dann kann auch passieren, dass der Berufstätige sehnsüchtig auf das Ende seines Berufslebens wartet und „seine Zeit absitzt", nicht wahrhaben will, dass andere, Jüngere jetzt zum Zug kommen sollten. Angesichts der derzeitigen Praxis, über Fünfzigjährige als Erste zu entlassen bzw. kaum Angehörige dieser Altersgruppe neu einzustellen, macht sich auch Angst breit, den Anforderungen nicht mehr zu genügen oder „auf der Abschussliste" zu stehen. Diejenigen, die jedoch auch im Berufsleben zu neuer Kreativität finden, werden zu hilfreichen, freilassenden Begleitern von Jüngeren. Sie suchen diesen Kontakt, um mit wachem Interesse zu verfolgen, was Jüngere denken, welche neuen Ideen diese einbringen. Selbst entwickeln sie erste Ideen für die Zeit nach ihrem Arbeitsleben, üben sich im Loslassen und beginnen sich um Nachfolger Gedanken zu machen, falls sie selbstständig tätig sind.

9. Phase: 56 bis 63 Jahre: Die in der vorigen Phase eingeleiteten Neuorientierungen verstärken sich nun weiter. Man sucht nach angemessenen Lebens- und Verhaltensformen für diesen Abschnitt. Noch ist man nicht wirklich „alt", gehört aber mit Sicherheit auch nicht mehr zu den Jüngeren. Einerseits fühlt man sich wach und interessiert, andererseits muss man lernen, „einen Gang zurückzuschalten", wieder ohne resignierte Stimmung, sondern in Akzeptanz des eigenen Lebensalters. Immer deutlicher stellt sich die Frage danach, wie man im Alter leben will – immerhin hat man statistisch noch ca. dreißig Jahre zu leben! Erste Schritte zur Verwirklichung dieser Vorstellung müssen in Gang gesetzt werden. Jung erhält man sich nicht durch das Weiterführen früherer Jugendgewohnheiten, sondern durch den Austausch mit Jüngeren und die aktive Arbeit an der eigenen Entwicklung.

Berufsbiografische Aspekte: Jetzt durchlebt man die letzten Arbeitsjahre. Trotz des in den Blick kommenden Endes der Berufstätigkeit geht es darum, bis zum Schluss genügend Engagement für die Aufgabe aufzubringen und dennoch anderen nicht im Weg zu stehen. Man muss jetzt „sein Haus bestellen", sich allmählich von dem lösen, was man selbst aufgebaut hat. Dabei gilt es zu akzeptieren, dass andere das eigene Werk anders weiterführen werden. Dies heißt nicht, dass die eigenen Fähigkeiten nach der Verrentung brachliegen müssen. Vielmehr sollte man sich schon rechtzeitig darüber Gedanken machen, wo man die eigenen Potenziale anschließend einbringen kann. Das kann insbesondere dann helfen, wenn der Mensch sich sehr stark über seine Arbeit definiert und die Gefahr des „Rentenschocks" droht.

Zusammenfassend sei Romano Guardini zitiert:

> „Der Mensch charakterisiert sich immer neu. ... Die Lebensalter selbst stellen Grundformen menschlichen Daseins dar. Charakteristische Weisen, wie der Lebende auf dem Weg von der Geburt zum Tod Mensch ist. Weisen des Empfindens, der Einsicht, des Verhaltens zur Welt. Diese Bilder sind so stark charakterisiert, dass der Mensch im Gang seines Lebens nicht einfach aus dem einen in das andere hinübergleitet, sondern der Übergang jeweils eine Ablösung bedeutet, deren Vollzug schwierig bis zur Gefährdung werden kann. Es kann längere oder kürzere Zeit in Anspruch nehmen; kann mit Heftigkeit, aber auch mit relativer Gleichmäßigkeit vor sich gehen; kann gelingen, aber auch misslingen – Letzteres so, dass die ausgelebte Phase festgehalten wird und dadurch die folgende zu kurz kommt; aber auch so, dass die jeweils aktuelle Phase um der kommenden willen verdrängt oder vergewaltigt wird."[27]

6. Komponente 4: Selbstmarketing-Kompetenz als Voraussetzung zur Verwirklichung berufsbiografischer Gestaltung

Äußere Sicherheiten und Kontinuitäten gehen heute verloren, Menschen müssen in umfassender Weise Stabilität und Orientierung in sich selbst entwickeln und ihr berufliches wie privates Leben eigenständig gestalten. In besonderem Maß wird dies im Hinblick auf die eigene berufliche Laufbahn deutlich.

Es genügt heute nicht mehr, sich auf die Sicherheit eines einmal gefundenen Ausbildungs- oder Arbeitsplatzes zu verlassen:

> „Mehr als je zuvor muss der Einzelne für sich selbst Verantwortung übernehmen, statt sich auf (das) Unternehmen zu verlassen."[28]

Man ist also aufgefordert, sich selbst um seine Angelegenheiten zu kümmern – Selbstmarketing zu betreiben. Diese Erfahrung machen bereits Jugendliche dann, wenn sie einen Ausbildungsplatz suchen. Ohne hohe eigene Aktivität werden sie dabei nicht fündig. Und auch wenn sie in einem Unternehmen eingestellt wurden, haben sie in den meisten Fällen keine Garantie, nach erfolgreich absolvierter Ausbildung übernommen zu werden. Angesichts wirtschaftlicher Krisen, immer weiter

---

[27] R. Guardini: Die Lebensalter. Ihre ethische und pädagogische Bedeutung. Mainz 1986, S. 38 f.

[28] P. Drucker: Manager in der nachkapitalistischen Ära, in: Harvard Businessmanager, 4/1993, zit. nach: T. Sattelberger, Personalarbeit in der „Lean Organization": Zwischen blinder Anpassung und Management of Change. In: H. Geißler (Hg.): Lean Management und Personalentwicklung. Frankfurt a.M., Bern, New York, Paris, Wien 1995, S. 119 ff.

getriebenem Personalabbau und der hohen Zahl von Insolvenzen müssen sie im weiteren Verlauf ihres Berufslebens berücksichtigen, dass

> „Unternehmen, die früher wie Pyramiden für die Ewigkeit gebaut schienen, heute eher Zelten gleichen. Morgen sind sie verschwunden oder in völligem Durcheinander (...) Niemand kann sein Leben auf eine so vergängliche Organisation ausrichten."[29]

Stattdessen müssen eigene Wege gefunden werden, sich – immer wieder neu – am Markt zu positionieren, zum „Arbeitskraft-Unternehmer" zu werden. Dieses Positionieren kann sich heute nicht allein auf bereits vorhandene Berufe und Beschäftigungsfelder beschränken. Vielmehr ist es sinnvoll, den Blick zu erweitern und K. H. Geißlers Gedanken „flexibler Skillpakete" aufzugreifen. Damit ist der souveräne Umgang mit den erworbenen Fähigkeiten und Kenntnissen gemeint, deren Einsatz sich nicht länger auf eine bestimmte Berufsschablone bezieht, sondern sich davon löst und neu auf das Zusammentreffen von persönlichen Fähigkeiten und gesellschaftlichem Bedarf angewandt wird.

Das, was wir als „Beruf" bezeichnen, ist nicht gleich bedeutend mit „Arbeit". Dies wird deutlich, wenn man sich erinnert, dass es viele heutige Berufe früher nicht gab und dass andere Berufe ausgestorben sind – z.B. weil sie, wie der Beruf des Schriftsetzers etwa, durch neue Technologien ersetzbar und daher nicht mehr nachgefragt wurden. Berufe sind also historisch-gesellschaftliche Konstrukte und wandeln sich mit den gesellschaftlichen Verhältnissen. Sie bezeichnen Tätigkeiten und Fähigkeiten, die auf dem Arbeitsmarkt in bestimmten Formen „gehandelt" werden. Diese „Handelsform" war früher äußerst streng geregelt – man denke nur an die Zünfte oder daran, dass es für manche Menschen zu bestimmten Berufen keinen Zutritt gab. Heute regeln Gesetze, welche Ausbildungen etc. für welche Berufe vorgeschrieben sind. Zunehmend jedoch spricht man von einer „Entgrenzung" der Berufe. Die große Veränderungsdynamik des gesellschaftlichen und technologischen Wandels bringt mit sich, dass die gesetzlichen Regelungen meist der Entwicklung hinterherhinken, dass neue „ungeregelte Berufe" entstehen, für die es kein vorgeschriebenes Berufsbild gibt, und dass sich auch die bestehenden Berufe mit ihren Anforderungen rasch ändern. Die in den Ausbildungsordnungen festgelegten Berufszuschnitte kommen in der Praxis in Reinform nur noch selten vor: Kaufleute müssen nun auch etwas von Technik verstehen, Meister erfüllen zunehmend Managementaufgaben, Ingenieure technischer Fachrichtungen müssen Projekte managen und Kalkulationen erstellen usw.

Für etliche Arten von gesellschaftlich notwendigen Arbeiten wiederum besteht (bislang) noch kein „Arbeitsmarkt" in dem Sinn, dass für dabei erbrachte Leistun-

---

[29] Ebd.

gen Geld bezahlt wird – die bekanntesten Beispiele sind die Ehrenämter oder die Hausarbeit. Sie gelten im engeren Sinn nicht als „Beruf".

Das zeigt, dass es also einerseits „gesellschaftliche Aufgaben", d.h. Bedürfnisse von Menschen, gibt, von denen nur ein Teil in Form von Berufen erfüllt wird. Andererseits gibt es die Menschen mit ihren Fähigkeiten, mit dem Blick dafür, wo Leistungen fehlen, mit Engagement und Ideenreichtum. Wenn diese kraft eigener Initiative und Kompetenz noch nicht beruflich gefasste Leistungen anbieten, können neue Beschäftigungsfelder entstehen, die u.U. wieder in neue Berufsbilder münden – wie z.B. die neuen IT-Berufe.

Was hier beschrieben wird, nennen wir die *„Triade der Berufsentwicklung"*. Sie besagt, dass das Spannungsfeld Arbeit – Beruf – Fähigkeiten interpretationsbedürftig ist und Gestaltungsspielräume bietet. Sich diese Gestaltungsspielräume klar zu machen ist für das Thema Selbstmarketing besonders wichtig. Denn wenn man zunehmend seinen eigenen Berufsweg selbst gestalten muss, entstehen möglicherweise Ideen für den Einsatz der eigenen Fähigkeiten, die noch keine Berufsform haben, aber dennoch gesellschaftliche Bedürfnisse befriedigen. Die „Triade" macht deutlich, dass man sich hier nicht vorschnell mit dem auf dem „Berufemarkt" Vorhandenen zufrieden geben muss, sondern dass man durchaus danach suchen kann, ob sich nicht aus der Kombination von eigenen Fähigkeiten und den Bedürfnissen anderer neue Beschäftigungsfelder finden lassen.

Die Triade lässt sich in allen drei Richtungen verstehen: So können aus dem Zusammentreffen von „Aufgaben/Bedürfnissen" und „Fähigkeiten" neue Möglichkeiten entstehen. Ebenso kann auch eine nicht mehr balancierbare Spannung zwischen dem bisherigen Beruf und den Fähigkeiten der Menschen auftreten, so dass man beispielsweise das Gefühl hat, in einer Sackgasse zu stecken, in seiner Arbeit nicht mehr weiterzukommen. Dann ist es angezeigt, den Blick sowohl auf andere „Berufe" wie auch auf andere „Aufgaben/Arbeit" zu richten und daraus neue Perspektiven zu entwickeln. Und schließlich kann es geschehen, dass die Art der Lösung gesellschaftlicher Probleme durch herkömmliche Berufe nicht mehr ausreicht. Dann müssen Berufszuschnitte geändert oder neue Berufsbilder entwickelt werden.

Eine Kernaufgabe beim Aufbau von Selbstmarketing besteht darin, immer wieder neue „Passungen" zwischen den drei Feldern vornehmen zu können, sie so auszubalancieren, dass man sowohl der eigenen Entwicklung als auch den beruflichen Anforderungen und gesellschaftlichen Aufgaben gerecht wird. Nicht nur die persönliche Entwicklung muss heute selbst in die Hand genommen werden, sondern auch der „persönliche Beruf". Manche Forscher fassen die Tatsache, dass ein Mensch im Lauf seines Lebens verschiedene Berufstätigkeiten ausübt, im Schlag-

Die „Triade der Berufsentwicklung"

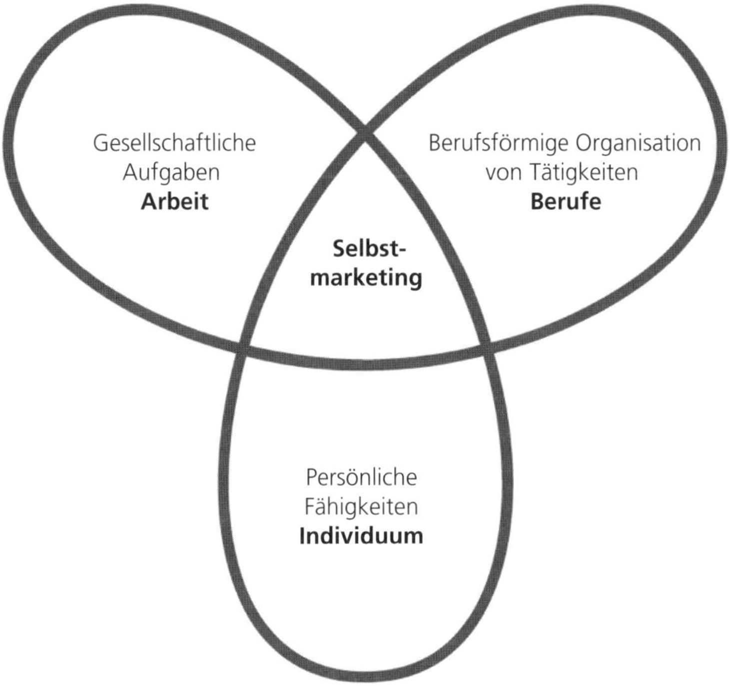

wort vom „Beruf als Lebensabschnittspartner" zusammen. Einige rechnen damit, dass sich die Entwicklung so fortsetzen wird, dass gewissermaßen „jeder Mensch sein eigener Beruf" ist, d.h., er sich nicht mehr an vorgegebenen Berufsschablonen orientiert, sondern aufgrund seiner Kompetenzen und der Art, wie er sie einsetzt, individuell sein Beruf „ist".

In der Perspektive berufsbiografischer Gestaltungsfähigkeit kann nicht das Ziel von Selbstmarketing sein, „sich optimal zu verkaufen", ohne eigene Werte, biografische Aspekte und Sinnorientierungen zu berücksichtigen. Es handelt sich vielmehr darum, sich nicht darauf zu beschränken, „sich erfolgreich zu bewerben". Selbstmarketing setzt auch nicht erst dann ein, wenn äußere Veränderungen – wie drohender Arbeitsplatzverlust – dazu zwingen, sich auf dem Markt neu zu positionieren. Die grundsätzliche Einstellung besagt vielmehr: Man reagiert nicht nur auf Impulse von außen und verlässt sich auch nicht mehr oder weniger passiv auf die Chancen, die der Arbeitsmarkt/Arbeitgeber bietet, sondern handelt *proaktiv*. Das heißt, man reflektiert immer wieder neu die Passung zwischen der bisher ausgeübten Tätigkeit mit den eigenen Entwicklungsimpulsen und mit demjenigen, was man als gesellschaftlichen Bedarf erkennt. Diese Reflexion ist integraler Bestandteil der Berufslaufbahn. Daraus gewinnt man neue Zukunftsentwürfe, die allmählich konkretisiert und in die Tat umgesetzt werden (wobei natürlich die Fähigkeit, sich erfolgreich zu bewerben, eine wichtige Rolle spielt).

Es geht dann darum, die eigenen Fähigkeiten, das eigene Arbeitsvermögen gezielt zu präsentieren, und zwar sowohl innerbetrieblich wie auf dem Arbeitsmarkt, so dass sie für potenzielle Interessenten sichtbar werden. Ähnlich wie Produktmarketing dann erfolgreich ist, wenn es den Bedarf der Konsumenten erkundet und möglichst individuell angepasste Lösungen anbietet (vgl. etwa die breite Angebotspalette der Automobilindustrie), ist Selbstmarketing dann erfolgreich, wenn die Intentionen und Fähigkeiten des Einzelnen mit dem zusammentreffen, was als Bedarf in der Welt vorhanden ist. Im vorigen Abschnitt haben wir darauf hingewiesen, dass dieser Bedarf sowohl in Form bereits bestehender Berufe abgedeckt wird – sich das Selbstmarketing hier also auf Vorhandenes richtet –, dass es aber auch Bedarfe gibt, für die noch keine feste Berufsform besteht, Selbstmarketing sich daher auf die Kombination individueller Fähigkeiten und gesellschaftlicher Bedarfe beziehen und damit Neues schaffen kann.

Ein solches Selbstmarketing-Konzept lässt sich in fünf Schritte gliedern:

Der *erste Schritt: Selbstständig handeln wollen.* Damit ist gemeint, dass man überhaupt einen Impuls zur eigenständigen Gestaltung entwickelt. Auslöser für die Notwendigkeit oder den Wunsch nach einer Neuorientierung können vielfältiger Art sein. Sie können von außen kommen, weil man beispielsweise nach der Ausbildung nicht übernommen wird oder der eigene Arbeitsplatz gefährdet ist. Sie können jedoch auch von innen kommen, wenn man sich beispielsweise in seiner bisherigen Tätigkeit nicht mehr zufrieden fühlt oder den Drang hat, noch einmal etwas Neues anzufangen. Entscheidend ist, dass man sich dazu entschließt, seine Sache *selbstständig* in die Hand zu nehmen und nicht darauf zu warten, bis sich „etwas ergibt".

Der *zweite Schritt: Persönliche Klärungen vornehmen.* Will man dann eine neue Orientierung finden und sein Selbstmarketing in Gang bringen, sind viele Klärungen notwendig, die sich sowohl auf die eigene Person wie auch auf den Markt beziehen. In beiden Bereichen ist eine realistische „Standortbestimmung" ebenso erforderlich wie ein Zukunftsentwurf, der „Visionen" über die Ziele und den wünschenswerten zu erreichenden Zustand umfasst.[30]

---

[30] Vgl. beispielsweise das sehr empfehlenswerte Buch von R. Zellweger: Berufliche Perspektiven ab 40. Zürich 2002

Die Klärungen hinsichtlich der eigenen Person benötigen einen umfassenden Blick auf das, was bisher im eigenen Leben bereits Gewordenes ist, also die gesamte Biografie und die Art, wie das eigene Leben bisher gelebt wurde. Dies umfasst zunächst die äußeren Gegebenheiten wie etwa Schulabschluss, Ausbildungen, Interessen, besondere Begabungen. Es umfasst darüber hinaus die Auswertung der eigenen Lebensgeschichte als „Lerngeschichte" im weitesten Sinn. Was habe ich alles an Kompetenzen erworben? Was kann ich besonders gut? Wo fühle ich mich „ganz in meinem Element"? Worin bin ich nicht so gut? Was will ich dazulernen? Wie sieht mein persönliches *Kompetenzprofil* aus?

Die Betrachtung der eigenen (Berufs-)Biografie – etwa entlang der geschilderten Sieben-Jahres-Schritte – ermöglicht es, immer wiederkehrende Motive, Beweggründe für Wendungen im Verlauf des Lebens, besondere Interessen und Anliegen zu erkennen. Beispielsweise kann ein Mensch dabei feststellen, dass er in wichtigen Lebenssituationen in einer ganz bestimmten Art und Weise auf Herausforderungen, Fragen oder Aufgaben reagiert: Er packt Neues mutig an und scheut sich nicht, Fehler zu machen. Oder er sieht früher als andere, wo etwas verändert werden könnte. Oder er schafft in den unterschiedlichsten Situationen zuerst immer eine angenehme Atmosphäre, in der es sich gut arbeiten, kommunizieren usw. lässt. Oder er bemerkt, dass ihm rasches Handeln nicht entspricht, weil er zunächst einmal genauer herausfinden will, wie eine Situation beschaffen ist. Aus der Art, wie das Leben – und die Berufstätigkeit – bisher gelebt wurden, lässt sich also ablesen, welche *Grundorientierungen* für den jeweiligen Menschen eine besondere Rolle spielen.

Ebenso gehört zu den Klärungen hinsichtlich der eigenen Person, sich über die *„Leitmotive"* seines Lebens und das eigene Wertegefüge klar zu werden. Dabei kann man die in umfangreichen empirischen Studien von S. Reiss[31] identifizierten 16 Leitmotive heranziehen, um sein persönliches Leitmotive-Profil herauszufinden.

1) „Macht": Streben nach Erfolg, Leistung, Führung und Einfluss
2) „Unabhängigkeit": Streben nach Freiheit, Selbstgenügsamkeit und Autarkie
3) „Neugier": Streben nach Wissen und Wahrheit
4) „Anerkennung": Streben nach sozialer Akzeptanz, Zugehörigkeit und positivem Selbstwert
5) „Ordnung": Streben nach Stabilität, Klarheit und guter Organisation
6) „Sparen": Streben nach Anhäufung materieller Güter und Eigentum
7) „Ehre": Streben nach Loyalität und moralischer, charakterlicher Integrität

[31] S. Reiss: Who Am I? The 16 Basic Desires that Motivates our Behavior and Define our Personality. New York 2000, hier zit. Nach: Psychologie heute, 28.Jg., Heft 3, 2001

8) „Idealismus": Streben nach sozialer Gerechtigkeit und Fairness
9) „Beziehungen": Streben nach Freundschaft, Freude und Humor
10) „Familie": Streben nach einem Familienleben und besonders danach, eigene Kinder zu erziehen
11) „Status": Streben nach sozialem Status, nach Reichtum, Titeln und öffentlicher Aufmerksamkeit
12) „Rache": Streben nach Konkurrenz, Kampf, Aggressivität und Vergeltung
13) „Romantik": Streben nach einem erotischen Leben, Sexualität und Schönheit
14) „Ernährung": Streben nach Essen und Nahrung
15) „Körperliche Aktivität": Streben nach Fitness und Bewegung
16) „Ruhe": Streben nach Entspannung und emotionaler Sicherheit.

Die Beschäftigung mit derartigen Instrumenten kann ferner hilfreich dafür sein, das eigene *Wertesystem* besser zu erkennen. Dies ist kein einfacher Vorgang, da Werte und urpersönliche Motive häufig nicht voll zu Bewusstsein kommen und das eigene Handeln eher implizit bestimmen. Daher ist es ratsam, sich auf unterschiedliche Weise allmählich anzunähern, etwa indem man sich fragt: Wer ist für mich ein Vorbild, was an ihm/ihr macht diese Person für mich zum Vorbild? Bei welchem Thema spüre ich ein „Kribbeln im Bauch"? Was hat für mich höchste Priorität im Leben, im Beruf? „Werte" können auf unterschiedlichen Ebenen vorhanden sein: als „etwas, das mir im Alltag, im Zusammenwirken mit anderen, wichtig ist", als Werte, die den persönlichen Lebensstil bestimmen, aber auch als Werte, die ethischer, idealer Natur sind. Werte spielen bei jeder Entscheidung in mehr oder weniger bewusster Weise eine wichtige Rolle. In Bezug auf die Gestaltung der eigenen Berufsbiografie kommt ihnen eine doppelte Bedeutung zu. Zum einen bilden bisher gültige persönliche Werte den Hintergrund, vor dem Entscheidungen und Alternativen abgewogen und bewertet werden. Zum andern können sie sich im Verlauf des Lebens durch Lernen und Erfahrung, durch Umwelteinflüsse etc. ändern, oder der Mensch unternimmt bewusste Anstrengungen zu ihrer Veränderung, weil er bemerkt, dass seine bisherigen Werte nicht mehr tragfähig sind bzw. dass er seiner Arbeit einen neuen Sinn geben muss. Selbstmarketing basiert auch darauf, sich zu fragen, ob man in der bisherigen Weise weitermachen, arbeiten und leben will oder ob nicht ein Wertewandel ansteht, der sich mit dem nächsten beruflichen Schritt verbinden bzw. verwirklichen lässt.

Im Zuge dieser inneren Klärungen muss man dann höchst aufmerksam wahrnehmen, worin genau die Ursachen für den Drang nach beruflicher Neuorientierung bestehen. Möglicherweise zeigen sich dann tiefere Ursachen als die, die man bisher erkannt hatte. Des Weiteren kann man sich dann prüfen, ob sich bei der Beschäftigung mit diesen Fragen neue Motive und Ideen zeigen, was man als Nächstes anpacken will, wofür man seine Kräfte einsetzen will. Diese Ideen werden zunächst nur selten klar umrissen sein, oft existieren sie erst einmal als dunkle Ahnung. Hier ist es hilfreich, den Blick auf die Bedingungen der Außenwelt zu richten, um einen Schritt weiterzukommen.

Der *dritte Schritt: Gesellschaftlichen Bedarf feststellen.* Hierzu gehört zuallererst, sich einen möglichst umfassenden *Marktüberblick* zu verschaffen und dafür alle verfügbaren Wege zu nutzen, vom Verfolgen der Stellenangebote in Printmedien, dem Angebotssystem des Arbeitsamts, im Internet usw. bis zur persönlichen „Marktforschung" durch möglichst viele Gespräche mit Kollegen und Bekannten.

Beabsichtigt man einen Wechsel innerhalb des bisherigen Unternehmens, geht es darum herauszufinden, welche Möglichkeiten hier bestehen, welche Wege eingeschlagen werden können, wie man sein Anliegen und seine *Talente kommuniziert.* Bei den Wechselwünschen kann es sich ebenso um ein Weiterkommen in der eigenen Karriere handeln wie um neue, anders geartete Aufgaben innerhalb des Unternehmens. Hier sollten die dafür vorhandenen formellen Möglichkeiten (z.B. Mitarbeitergespräch) ebenso genutzt werden wie informelle Wege, auf denen man sein Anliegen geschickt „veröffentlicht". Ähnliches gilt, wenn man zu einem anderen Arbeitgeber wechseln will und relativ klare Vorstellungen davon hat, was die neue Stelle bieten soll. Günstig ist, sich umfassend zu informieren: über potenzielle Angebote, aber auch über die Erwartungen, die der Arbeitgeber an den neuen Mitarbeiter hat, sich auf die heute üblichen Formen wie Assessment-Center u.ä. vorzubereiten usw.

Wenn jedoch die eigenen Ziele noch wenig deutlich sind, lohnt es sich, dafür wahrnehmungsfähig zu werden, welche gesellschaftlichen Bedürfnisse vorhanden sind, um daraus eventuell Ideen für neue berufliche bzw. Beschäftigungsperspektiven zu gewinnen. Gespräche, Kundenbefragungen, Recherchen in den Medien, bei Fachmessen usw. sind nützlich. Es geht darum, die eigenen Absichten und Blickrichtungen zu formulieren und zu kommunizieren, sich von andern anregen zu lassen, neue Perspektiven aufzunehmen. Die Motivationstrainerin Sabine Asgodom[32] rät, sich zu fragen: Wer braucht das, was ich kann? Wie sähe die „sinnvolle" Arbeitsplatzbeschreibung aus? Wie sieht meine Erfolgsidee aus? Welches Unternehmen kann diese Idee brauchen?

In dieser Phase der Ideenfindung ist es wichtig, sich nicht vorschnell von „realistischen Gegenargumenten" entmutigen zu lassen, die z.B. darauf hinweisen, dass „mir dafür die Ausbildung fehlt", „man damit sicher kein Geld verdienen kann" usw., sondern den Mut und das Durchhaltevermögen aufzubringen, die Idee so zu

[32] S. Asgodom: Leben macht die Arbeit süß. München 2002

konkretisieren, dass sie eine Chance zur Verwirklichung bietet. Wie die „Triade der Berufsentwicklung" zeigte, können durchaus Beschäftigungsfelder gefunden werden und neue entstehen, wenn man mit seiner Idee einen gesellschaftlichen Bedarf trifft.

Der *vierte Schritt: Die eigenen Kompetenzen sichtbar machen.* Neben herkömmlichen Bewerbungen auf eine Stellenausschreibung hin werden Initiativbewerbungen immer wichtiger, d.h., man bewirbt sich bei einem Unternehmen, ohne dass dieses ein Angebot offeriert hat.[33] In beiden Fällen gilt es, seine Kompetenz möglichst gut und umfassend darzustellen, sich dabei nicht auf formell zertifizierte Qualifikationen zu beschränken, sondern sein persönliches Kompetenzprofil sichtbar zu machen.

Der *fünfte Schritt: Konkrete Strategie entwickeln.* Selbstmarketing wird selbstverständlich erst dann realisiert, wenn die erforderlichen Klärungen in konkrete Schritte münden. Dazu existieren zahlreiche Ratgeber und Handreichungen, so dass wir uns hier auf knappe Hinweise beschränken.

Die notwendigen konkreten Umsetzungsschritte lassen sich mit R. Zellweger[34] so zusammenfassen:

- Recherchieren,
- Selektionieren und eingrenzen,
- Das Ziel formulieren und überprüfen,
- Den Weg zum Ziel bestimmen,
- Optimale Ausgangslage schaffen,
- Den ersten konkreten Schritt tun,
- Realisieren.

---

[33] Vgl. z.B. R. N. Bolles: Durchstarten zum Traumjob. Frankfurt /Main, New York 1999

[34] R. Zellweger, a.a.O.

Teil II Wege zur Förderung berufsbiografischer Gestaltungskompetenz in der Ausbildung

7. Die Berufsausbildung als biografisch bedeutsame Entwicklungszeit

Die (üblicherweise) drei Jahre einer Berufsausbildung kann man selbst als eine kleine „Biografiegestalt" sehen, die charakteristische Fragestellungen und Entwicklungen in den einzelnen Ausbildungsjahren mit sich bringt: Vom langsamen Einleben in eine neue Welt über die Auseinandersetzung mit beruflichen Erfahrungen bis zur Entwicklung einer weiterführenden Perspektive für die Zeit nach der Ausbildung. Dies bedeutet, dass die Förderung der vier Komponenten berufsbiografischer Gestaltungsfähigkeit mit den Erfahrungen und Problemstellungen verschränkt ist, mit denen junge Menschen im Verlauf ihrer Ausbildung konfrontiert werden. Eine genaue Betrachtung typischer Ausbildungsverläufe zeigt, dass berufsbiografische Gestaltungskompetenz vom ersten Tag an gebraucht wird. Deren Förderung muss jedoch gemäß den alters- und entwicklungsspezifischen Gegebenheiten gestaltet werden. In diesem Praxisteil stellen wir Vorschläge vor, die sich für alle drei Ausbildungsjahre eignen und zugleich die Möglichkeit bieten, gezielt an lehrjahrstypische Fragestellungen anzuknüpfen.

Man muss sich klar machen, dass für die Jugendlichen im *ersten* Ausbildungsjahr so gut wie „alles neu" ist – sie müssen nicht nur Fachliches und Methodisches für ihren künftigen Beruf erwerben. Vielmehr müssen sie ganz allgemein „Arbeiten lernen", mit allem, was dazugehört und was gerade in dieser Altersstufe schwer fällt. Das beginnt mit so scheinbar einfachen Dingen wie dem pünktlichen morgendlichen Aufstehen und setzt sich damit fort, dass gelernt werden muss, den ganzen Arbeitstag lang körperlich (viele Jugendliche in gewerblich-technischen Berufen klagen anfangs darüber, dass ihnen z.B. das lange Stehen schwer fällt) und mental durchzuhalten, sich dauerhaft zu konzentrieren, Anweisungen aufzunehmen und auch zu befolgen usw. Daneben lernen sie eine ganz neue Welt – den Betrieb –, kennen, mit allen Anforderungen, die damit verbunden sind: Arbeiten in einem sozialen Umfeld mit je eigenen Regeln und Erwartungen (die z.T. nicht immer klar sind), Umgang mit Hierarchie, Konflikten am Arbeitsplatz und so fort.

Für die meisten Auszubildenden ist ferner ein höheres Maß an Eigenverantwortung zu lernen, die sich nicht nur auf die Ausbildungs-/Arbeitsaufgaben bezieht, sondern darüber hinaus auch auf den Umgang mit dem selbst verdienten Geld, das möglicherweise für eine eigene Wohnung reichen muss. In diesem Fall muss auch noch die eigene Lebensführung selbst organisiert werden.

Und schließlich lernen die Auszubildenden nun die Realität ihres gewählten Berufs kennen. Erst in der Begegnung mit der Realität zeigt sich allmählich, ob die Entscheidung tragfähig ist. Innerlich müssen Vorstellungen und Wirklichkeit abgeglichen werden. Man arrangiert sich mit der vorgefundenen Situation. Oder man stellt fest, dass Beruf bzw. Stelle gar nicht zu dem passen, was man sich vorgestellt hat und was man sich für den eigenen Beruf wünscht. Es tauchen Fragen auf, ob man den Anforderungen gewachsen ist, mit dem Umfeld zurechtkommt usw. Nicht ohne Grund ist die Zahl der Ausbildungsabbrüche im ersten Ausbildungsjahr aus Gründen wie „Kam mit dem Chef/den Kollegen nicht zurecht" hoch!

Hier brauchen also Auszubildende bereits Möglichkeiten, sich mit ihrem Beruf zu verbinden oder auch eventuell die Entscheidung für einen Wechsel zu treffen. Weder den Jugendlichen noch dem Betrieb ist damit gedient, dass sie ohne Interesse und Motivation an einem Ausbildungsplatz bleiben, der ihnen nicht zusagt. Dass eine solche Entscheidung gut abgewogen werden muss und keine Kurzschlussreaktion auf eine momentane Befindlichkeit oder kurzzeitige Frustration sein sollte, kann als Erkenntnis auch eine gute Voraussetzung für ein bewusst gestaltetes Berufsleben sein. Auszubildende sollten in dieser ersten Zeit lernen, dass Reflexion ein wichtiger Bestandteil der Entwicklung des eigenen Berufswegs ist. Dabei geht es nicht nur um persönliches Empfinden, sondern auch um vielfältige Beobachtungen, die während der Arbeit gemacht werden können, um Zusammenhänge besser zu verstehen. Wenn man weiß, an welchem Platz man sich befindet und wie der einzelne Arbeitsplatz im betrieblichen (und gesellschaftlichen) Zusammenhang steht, kann man sich selbstständiger in der Organisation verorten.

Die zentrale Aufgabe, mit der sich die Jugendlichen im ersten Jahr konfrontiert sehen, heißt also „Orientierung finden", mit den verschiedenen Facetten wie: Arbeiten lernen, Berufswahl hinterfragen, sich im Beruf und in der Organisation zurechtfinden.

Im *zweiten* Ausbildungsjahr haben sich die meisten Auszubildenden an das Arbeiten gewöhnt. Oft entwickeln sie Stolz auf das, was sie schon können und leisten. Sie sind nun schon eine ganze Weile im Betrieb und kennen sich besser aus, so dass sie sich stärker auf die Arbeit und deren Abläufe konzentrieren können. Dennoch gibt es im zweiten Jahr viele „Hänger". Das Neue ist nicht mehr ganz so neu, der Beruf wird intensiver daraufhin befragt, ob er tatsächlich eine längerfristige Perspektive bietet. Möglicherweise zeigen sich Motivationseinbrüche. Das kann damit zusammenhängen, dass der Anforderungsdruck steigt und man sich dem nicht gewachsen fühlt. Ebenso häufig ist jedoch der umgekehrte Fall: Die Jugendlichen wollen jetzt „richtig arbeiten", möglichst an realen Aufträgen; stattdessen machen sie weiterhin Übungsstücke zu Lernzwecken. Oder sie arbeiten produktiv mit, bekommen aber die „langweiligen" Zuarbeiten zugeteilt.

Auch bezüglich des betrieblichen/sozialen Umfelds erkennen die Auszubildenden im zweiten Ausbildungsjahr genauer, „wie hier der Hase läuft". Sie lernen Reaktionen des Umfelds besser einzuschätzen, bekommen betriebliche Entwicklungen bewusster mit. Viele jungen Leute lernen allmählich auch die wirtschaftliche Seite der Arbeit kennen, sie (an)erkennen, was alles dazugehört, damit ein Betrieb läuft, genügend Aufträge hat, mit den Kunden erfolgreich zusammenarbeitet usw. Hier ist die Einsicht hilfreich, dass alle Strukturen und Abläufe, wie sie derzeit gestaltet sind, von Menschen geschaffen wurden und immer wieder auf ihren Sinn und ihre Effektivität hin befragt werden müssen. In dieser Phase entwickeln viele Auszubildende nicht nur einen kritischen Blick auf die Arbeitsrealität, sondern auch eigene Ideen, wie etwas besser gemacht werden könnte.

Die Zwischenprüfung ist eine Zäsur im zweiten Ausbildungsjahr: Sie ist eine Aufforderung, sich zu vergegenwärtigen, was man alles bereits gelernt hat, bzw. die Möglichkeiten und Grenzen der eigenen Fähigkeiten einzuschätzen (zumindest jedoch auf die Prüfung hin die Lücken zu schließen). Etwa ab diesem Zeitpunkt ist ein Ausbildungsabbruch eher unwahrscheinlich. Dies aber bedeutet, dass man sich noch einmal in vertiefter Weise darüber Gedanken machen muss, wie es beruflich weitergehen soll.

Die zentrale Aufgabe, mit der sich Jugendliche im zweiten Ausbildungsjahr konfrontiert sehen, heißt also: „Reflektieren der eigenen Erfahrungen und der eigenen Erwartungen an das künftige Berufsleben", mit Facetten wie: Möchte man in diesem Beruf, in diesem Betrieb bleiben? Besteht die Chance, übernommen zu werden? Möchte man zwar in den Beruf bleiben, aber unter anderen Bedingungen?

Im *dritten* Ausbildungsjahr rückt das Ende der Ausbildung in den Blick. Die Mitarbeit an realen Kundenaufträgen wird zum Normalfall, die Wahrnehmung der mit dem Beruf verbundenen Anforderungen und Rahmenbedingungen intensiviert sich. Daneben laufen die Vorbereitungen für die Abschlussprüfung. Damit stellt sich die Frage nach der Zeit im Anschluss an die Ausbildung immer dringlicher. In der Vorbereitung auf den Übergang sind die Jugendlichen meist ganz auf sich gestellt. Noch sind sie eingebunden in den betrieblichen Zusammenhang, sollten sich aber dennoch eigenständig mit ihrer beruflichen Zukunft befassen. Es genügt angesichts der heutigen Situation nicht mehr abzuwarten, „ob sich etwas ergibt". Stattdessen brauchen die Auszubildenden Gelegenheit, für sich allein und gemeinsam mit anderen (Auszubildenden, Ausbilder/innen und Lehrkräften in der Berufsschule) die sie beschäftigenden Fragen zu bearbeiten: Sich darüber klar zu werden, wie sie den nächsten Abschnitt ihres Berufslebens gestalten wollen; welche konkreten Schritte dazu nötig sind; sich zu überlegen, ob man für eine gewisse Zeit ins Ausland gehen möchte; darüber nachzudenken, ob man vielleicht im selben Beruf, aber unter andersartigen betrieblichen Umständen die eigenen Kenntnisse und Handlungsmöglichkeiten erweitern will; wie man entsprechende Stellen findet und wie man sich dafür erfolgreich bewirbt; ob eine zweite Ausbildung oder aber andere weiterführende Bildungswege in Frage kommen etc. Im dritten Ausbildungsjahr stellt sich die Frage nach berufsbiografischer Gestaltungskompetenz endgültig in ihrer ganzen Bandbreite von Anforderungen. Die zentrale Frage im dritten Ausbildungsjahr hat also damit zu tun, wie die zweite Schwelle bewältigt wird, wie man erfolgreich „Selbstmarketing" betreibt, so dass man beruflich und persönlich weiterkommt.

Um mit den skizzierten Fragen und Problemlagen gut zurechtzukommen, müssen Auszubildende daher heute nicht nur fachlich gut ausgebildet werden, sie brauchen darüber hinaus Lerngelegenheiten zur „Selbstausbildung", die ihnen helfen, die Fähigkeiten für berufsbiografische Gestaltungskompetenz aufzubauen. Diese Fähigkeiten können kaum „gelehrt" werden, sie „bilden" sich, und zwar dadurch, dass man auf diesen Fähigkeitsbereich aufmerksam und – vor allem – mit Situationen konfrontiert wird, in denen genau diese spezifischen Fähigkeiten gebraucht werden. Indem man diese Situationen besteht, bilden sich neue Kompetenzen.

Dabei kann es nicht darum gehen, die Ausbildungsgänge, die meist ohnehin überfrachtet sind, noch weiter zu beladen. Worum es geht, ist, einen *neuen Blick auf die Ausbildung* zu bekommen und nur punktuell neue Maßnahmen zu integrieren. Letztlich ist „pädagogische Ökonomie" gefragt, d.h. die Suche nach Möglichkeiten, wie sich die nötigen Lernsituationen innerhalb dessen, was ohnehin getan wird, realisieren lassen. Ausbildende Fachkräfte sind dabei in ihrer Funktion als Lern- und Entwicklungsbegleiter gefragt, die in der Lage sind, entsprechende situative Gelegenheiten zu erkennen und zu nutzen.

Die Lernziele, die dabei verfolgt werden, lassen sich gemäß den Darstellungen der vier Komponenten berufsbiografischer Gestaltungskompetenz (vgl. Teil I) zusammenfassen:

Lernziel Selbstlernkompetenz: Dazu gehört, Verantwortung für den eigenen Lernprozess zu übernehmen, das eigene Lernverständnis im Sinne des „Lerndreiecks" zu erweitern, sich selbst neue Lernziele zu setzen, eigene Lernbarrieren zu erkennen und zu überwinden, sich Unterstützung für den eigenen Lernweg zu suchen und sich seine Lernerträge bewusst zu machen.

Lernziel eigene Kompetenzen erkennen: Dies bedeutet, sich aller formell und informell erworbenen Fähigkeiten bewusst zu werden und diese für sich selbst und andere sichtbar zu machen.

Lernziel (berufs-)biografischen Blick entwickeln: Dazu gehört, Grundkenntnisse biografischer Phasenverläufe zu erwerben, Ausbildung als ersten Einstieg in die Berufsbiografie zu begreifen, berufliche Erfahrungen auszuwerten und Krisen zu bewältigen und daraus Anhaltspunkte für die weitere Gestaltung der eigenen Berufsbiografie zu gewinnen.

Lernziel Selbstmarketing: Als Grundlage muss selbstständiges Handeln entwickelt werden. Zu lernen ist, wie man sich einen Marktüberblick verschafft und wie man gesellschaftliche Bedarfe erkennt, ferner, wie man persönliche Klärungen hinsichtlich eigener Werte und Motive vornimmt sowie Strategien für konkrete Schritte entwickelt.

Solche für diese Lernziele erforderlichen Lernsituationen sind nur schwer in „anleitungszentrierten" Ausbildungsformen (wie der traditionellen Vier-Stufen-Methode des Erklärens, Vormachens, Nachmachens und Übens) und im Frontalunterricht zu verwirklichen. Sie brauchen vielmehr eine selbstständigkeitsförderliche Ausbildungsgestaltung, die möglichst viele Bewährungsgelegenheiten für die Auszubildenden schafft und ihnen somit Spielräume für den Erwerb der beschriebenen Kompetenzen eröffnet. Darüber hinaus sind allerdings auch zusätzliche Maßnahmen zum gezielten Erüben der Kompetenzen erforderlich.

Im Folgenden beschreiben wir zunächst die Grundzüge und Formen einer selbstständigkeitsförderlichen Ausbildungsgestaltung im Betrieb. Anschließend werden Beispiele für die Umsetzung der spezifischer Maßnahmen zur Förderung berufsbiografischer Gestaltungskompetenz vorgestellt. In der Darstellung folgen wir dem Aufbau von Teil I, d.h., die Erläuterungen zu den Hintergründen der einzelnen Lernzielbündel, die Teil I bietet, lassen sich parallel zu den Praxishinweisen in Teil II lesen.

8. Das Fundament: Selbstständigkeitsförderliche Formen der Berufsausbildung

Die beste Ausgangssituation für den Erwerb der neuen Schlüsselkompetenz ist eine deutlich selbstständigkeitsförderlich orientierte Ausbildungsgestaltung. Denn Selbstständigkeit wird von Auszubildenden nur in sehr begrenztem Maß gefordert, wenn sie fernab von realen Bedingungen in schulähnlicher Weise – zum Beispiel in einer Lehrwerkstatt – ausgebildet werden. Dort können sie zwar in Ruhe fachliche

Fertigkeiten trainieren, sie erleben jedoch weder die Anforderungen und die Hektik noch die Unwägbarkeiten der betrieblichen Realität. Die Ausbildungsaufgaben werden dort meist nicht unter dem Aspekt betrieblichen Nutzens, sondern unter Lerngesichtspunkten (und oft aus alter Gewohnheit) gestellt. Dieses Lernen ähnelt sehr dem schulischen Lernen, bei dem die Lernziele von außen vorgegeben sind, es meist eindeutig richtige oder falsche Lösungen gibt und der Bezug des Gelernten zur betrieblichen Wirklichkeit und zur eigenen Person eigens hergestellt werden muss und sich nicht aus den realen Anforderungen ergibt.

Mehr Selbstständigkeit wird von Auszubildenden gefordert, wenn die Ausbildung im realen Arbeitsprozess stattfindet. Dies allein ist jedoch noch keine Garantie für ein Mehr an Selbstständigkeit – solange Auszubildende bloße Handlanger sind, müssen sie nicht selbst Verantwortung übernehmen. Daher müssen die realen Aufgaben so für das Lernen aufgeschlossen werden, dass die Auszubildenden möglichst viel Eigenaktivität einbringen.[35] (Im Fall der Berufsschule ist empfehlenswert, dass dort möglichst handlungsorientiert unterrichtet wird. Auch berufsschulisches Lernen wird zunehmend auf Lernfelder statt des klassischen Unterrichts in Fächern umgestellt.[36]) Denn auf diese Weise ergeben sich die „herausfordernden Situationen", die Auszubildende brauchen, um die beschriebenen Fähigkeiten in sich zu entwickeln.

Als Methode, wirkliche Lernherausforderungen zu stellen, hat sich das *„entdeckende" Lernen*[37] für beide Lernorte des dualen Systems besonders bewährt. Es verlangt von den Auszubildenden eine hohe Eigenaktivität. Sie können sich nicht konsumierend darauf verlassen, dass die Ausbilder/innen ihnen das Benötigte schon beibringen werden. Stattdessen bekommen sie nicht im Voraus alles erklärt, sondern müssen selbst aktiv werden und sich mit den Aufgaben selbstständig auseinander setzen. Sie finden selbst heraus, welche einzelnen Schritte eine bestimmte Aufgabe erfordert. Das dafür nötige Wissen beschaffen sie sich weitgehend selbst, und sie machen sich selbst Gedanken, wie die Aufgabe zu erledigen ist. Dies tun sie nicht theoretisch, „im Kopf", sondern indem sie sich tätig mit dem Gegenstand auseinander setzen. Diese Art des Lernens darf nicht so aufgefasst werden, dass man den Auszubildenden einfach irgendeine Aufgabe gibt und sie draufloswursteln lässt, nach dem Modell „Learning by Doing". Sie beruht vielmehr auf sorgfältigen Lernarrangements, die kurz skizziert seien:

---

[35] H.G. Bauer, u. a.: Lernen im Arbeitsalltag. Wie sich informelle Lernprozesse organisieren lassen. Bielefeld 2004

[36] Vgl. Zeitschrift „berufsbildung", „Lernsituationen in Lernfeldern", Februar 2003, 57. Jg.; M. Brater, K. Landig: Lehrkräfte lernen, handlungsorientiert zu unterrichten. München 1994

[37] Vgl. z.B. M. Brater, U. Büchele: Persönlichkeitsorientierte Ausbildung am Arbeitsplatz. München 2001; Ausbildungsmaterialien des Bundesinstituts für Berufsbildung, Bonn

Arrangement der Aufgabe: Der Gegenstand der Aufgabe wird nicht künstlich von seinem Nutzenzusammenhang getrennt, sondern so real wie möglich belassen. Im Mittelpunkt stehen die Fragen: Welche betrieblichen Aufgaben/Aufträge stehen an? Was kann man daran alles lernen? Wo sollen besondere Akzente gesetzt werden? Wichtig: Es geht nicht nur um fachliches Lernen, sondern gleichberechtigt auch um die Entwicklung methodischer, persönlicher und sozialer Kompetenzen. Dabei müssen die Ausbildenden prüfen, welches Maß an Komplexität für den individuellen Auszubildenden angemessen ist. Gerade am Anfang der Ausbildung kann es sinnvoll sein, Komplexität zu reduzieren – allerdings nur so weit, dass immer noch ausreichend hohe Herausforderungen enthalten sind. Denn die komplexen Aufgabe soll die Auszubildenden tatsächlich fordern, ja tendenziell leicht überfordern – daraus entsteht eine höhere Lernmotivation, wird der Wille geweckt, „rauszufinden, wie das geht". Zugleich sollen die Lernenden aber auch das Gefühl bekommen, nicht allein gelassen zu werden, sondern im Notfall Hilfe zu finden.

Beim Zuschnitt der Aufgabe muss ferner überlegt werden, welche Gestaltungsspielräume die Auszubildenden haben sollen: Sollen sie alles ganz eigenständig und selbst*organisiert* lösen (d.h., sie bekommen nur das Ziel erläutert, müssen selbst herausfinden, was genau zu tun ist, und Mittel und Wege der Realisierung selbst finden) oder bekommen sie einen bestimmten Spielraum genannt, innerhalb dessen sie selbst*gesteuert* vorgehen (d.h., Ziele, Aufgaben und Ressourcen sind bekannt, Wege müssen selbst gefunden werden)? Ferner müssen die Auszubildenden schon bei der Übergabe der Aufgabe darüber informiert werden, in welcher Weise sie das Ergebnis präsentieren sollen. Wesentlich ist, sie dabei nicht nur das Ergebnis darstellen zu lassen, sondern ebenso ihre Wege der Erarbeitung, die besonderen Herausforderungen, die damit verbunden waren usw. Ebenso ist es günstig, wenn Präsentationen vor mehreren stattfinden müssen (z.B. ganze Ausbildungsgruppe, Klasse, Abteilung). Daraus ergeben sich erhebliche Chancen für die Entwicklung persönlicher Kompetenzen: Passende Formen für die Darstellung seiner Arbeit zu finden (Präsentationstechniken), sie für andere verständlich zu machen, ohne Scheu vor anderen aufzutreten, Ergebnisse sinnvoll zusammenzufassen, den Weg zu diesen Ergebnissen nachzuzeichnen, bei Gruppenpräsentationen: sich in der Gruppe abzusprechen, wer welchen Part übernimmt, u.v.m.

Arrangement der Lernbegleitung: Das Lernarrangement bezieht sich des Weiteren darauf, was nötig ist, um den Lernprozess sorgfältig zu begleiten. Dies betrifft zunächst die Art, wie eine Aufgabe den Auszubildenden übergeben wird, also Überlegungen, welche Hinweise, Hilfsmittel usw. ihnen zur Verfügung gestellt werden. Es muss überlegt werden, wann sie sich mit Zwischenergebnissen bei ihren Ausbilder/innen melden müssen („Kontrollpunkte"). Solche Kontrollpunkte dienen beispielsweise dazu, dass die Auszubildenden ihre Ergebnisse erläutern und schildern, wie sie fortzufahren planen. In diesen Besprechungen werden fachliche Irrtümer, unrichtige Handlungsweisen, soziale Konflikte u.v.m. ersichtlich (aber natürlich auch gut Gelungenes!). So können fachliche Vertiefungen, die Klärung offener Fragen, benötigte Hilfestellungen, die Besprechung möglicher Risiken des geplanten Vorgehens usw. unmittelbar an der individuellen Erfahrung der Lernenden ansetzen und erreichen dadurch einen höheren Lerneffekt, als wenn Erklärungen vorab gegeben werden und noch keinen Widerhall bei den Auszubildenden finden.

Zu den Aufgaben der Lernbegleitung gehört auch, den Lernprozess der Auszubildenden genau wahrzunehmen (wofür sich die Ausbilder/innen Beobachtungskriterien entwickeln) und daraus Anhaltspunkte zu gewinnen, wann nachgefragt oder beispielsweise zusätzliche Beobachtungs- und Erkundungsaufgaben gegeben werden, um bestimmte Handlungskompetenzen gezielt zu fördern. Schließlich muss die Auswertung des gesamten Prozesses geplant werden: In welcher Form (z.B. Auswertungsgespräch, Selbst- und Fremdeinschätzung) soll sie geschehen? Wie muss sie gestaltet werden, damit die Lernenden daraus für sich selbst neue Lernziele ableiten können? Der Auswertung der Lernergebnisse wie des *Lernwegs* kommt bei dieser Art des Lernens eine besonders hohe Bedeutung zu. Damit werden nicht nur Lernerträge gesichert – dies leisten auch die klassischen Lernzielkontrollinstrumente. Vielmehr geht es darum, gemeinsam mit den Auszubildenden zu rekonstruieren, wie sie zu diesem Ergebnis gekommen sind, weshalb es für sie plausibel erscheint, mit welchen Schwierigkeiten und Klippen sie „unterwegs" zu kämpfen hatten und wie sie diese bewältigt haben.

Es wird deutlich, dass eine solche Auswertung des Lernprozesses zur Bewusstwerdung der Lernenden über ihren eigenen Lernprozess beiträgt und ihnen erkennen hilft, dass und wie sie Herausforderungen und Schwierigkeiten gemeistert haben. Ebenso werden in solchen Auswertungsgesprächen Fehler nicht rundheraus als „falsch" bewertet – sie sind vielmehr die zentralen Punkte, an denen Lernen stattfindet. Indem der Fehler gemeinsam untersucht wird, wird deutlich, wo das Denken und Handeln der Lernenden noch unvollkommen war und was neu gelernt bzw. anders gemacht werden muss. Je selbstverständlicher dieses „Lernen aus Fehlern" in die Ausbildung integriert wird, desto mehr können die Lernenden erfahren, dass es nichts Schlimmes ist, wenn etwas schief geht, sondern dass Fehler zum Lernen dazugehören und dass man daraus etwas Besseres machen kann. Diese Erfahrungen leisten einen ganz wesentlichen Beitrag im Hinblick auf die Entwicklung eigenständiger Lernkompetenz. Anregungen für die Gestaltung von Auswertungsgesprächen finden sich im Anschluss an dieses Kapitel.

Soziales Arrangement: Hier muss überlegt werden, ob Auszubildende eine Aufgabe allein oder in der Gruppe lösen sollen. Das ist zum einen eine Frage der betrieblichen Auftragssituation, zum andern eine pädagogische Frage. Geht es darum, einen einzelnen Auszubildenden besonders zu fordern, bietet sich Einzelarbeit an. Will man jedoch das große Potenzial an sozialen Lernchancen nutzen, empfiehlt sich Gruppenarbeit. Dadurch wird neben der individuellen Selbstständigkeit auch die Entwicklung sozialer Kompetenzen gefordert und gefördert (z.B. Abstimmungen im Team, Ausgleich von Stärken und Schwächen, Konfliktfähigkeit, Kooperationsfähigkeit usw.).

Aus dieser kurzen Charakterisierung wird deutlich, dass mit einem solchen Vorgehen bereits Wesentliches für die Entwicklung von Selbstständigkeit und Eigenverantwortung der Auszubildenden geleistet wird. Diese persönlichen Fähigkeiten nutzen ihnen nicht nur beim Lernen in der Ausbildung, sondern sie sind darüber hinaus wichtige Grundbedingungen, um den eigenen Entwicklungsprozess selbst in die Hand zu nehmen. Vertieft werden diese Fähigkeiten dadurch, dass die Förderung der Lernkompetenz selbst zum Thema gemacht wird.

Entdeckendes Lernen, so lässt sich also zusammenfassen, schult in besonderem Maße die Fähigkeiten der Selbstlernkompetenz. Bezogen auf die drei Äste des „Lerndreiecks" erschließt es sowohl die Lernchancen innerhalb formeller Ausbildungsgänge (auch Lehrgänge können entdeckend gestaltet werden!) wie des Lernens anhand konkreter Arbeitsaufgaben bzw. des „Lernens am eigenen Problem" im Zuge des Arbeitens. Was bisher jedoch in der Berufsausbildung nicht eingelöst wird, sind solche Lerngelegenheiten, die dem dritten Ast des Lerndreiecks entsprechen, also „persönliche Entwicklungsprojekte", die aus eigenem Antrieb und mit selbst gesetzten Lernzielen angepackt werden. Dafür geeignete Wege werden in den folgenden Kapiteln dargestellt.

Merkmale des entdeckenden, selbstständigkeitsfördernden Lernens

- Die Lernenden bekommen komplexe Aufgaben und nicht allein Einzeltätigkeiten aufgetragen.
- Die Lernenden setzen sich mit den Aufgaben selbstständig auseinander
- Sie bekommen nicht im Voraus alles erklärt, sondern durchdenken die Aufgabe selbstständig.
- Sie lösen sie nach eigenen Überlegungen praktisch, häufig in Kooperation in einer Kleingruppe.
- Hilfsmittel stehen zwar zur Verfügung, die Lernenden müssen aber selbst herausfinden, wie sie vorgehen und welche Hilfsmittel sie verwenden.
- „Unterwegs" auftretende Fehler werden von den Lernenden und von den Ausbildenden als Lernchance gesehen.
- Die Ausbilder/innen bzw. Lehrkräfte verstehen sich nicht als Unterweiser, sondern als Lernbegleiter.

- Sie arrangieren die Aufgabenstellungen so, dass sie möglichst breite Lernchancen bieten.
- Sie verabreden mit den Lernenden bei der Übergabe der Aufgabe Kontrollpunkte und Zwischengespräche.
- Sie geben den Lernenden ggf. zusätzliche Beobachtungs- und Erkundungsaufgaben, um bestimmte Handlungskompetenzen gezielt zu fördern.
- Sie werten den Prozess und das Ergebnis der Lernenden gemeinsam mit ihm aus.
- Die Lernenden leiten daraus für sich neue Lernziele ab.

Möglichkeit 1 **AUSWERTUNG VON ARBEITSAUFGABEN**

Auszubildender: ....

Aufgabenstellung (ggf. Besonderheiten): ....

....

Ausbilder/in: ....

	Selbstbeurteilung des Azubis	Beurteilung durch Ausbilder	Anmerkungen
Wurde die Aufgabe gelöst?			
Wie war der Lösungsweg?			
Wie ist die Qualität der Arbeit?			
Wie selbstständig wurde die Aufgabe gelöst?			
Wie war die Zusammenarbeit (mit Kollegen, Meister ...)?			
Welche Klippen gab es?			
Was gelang gut?			
Was lief nicht so gut?			
Welche neuen Lernschritte sind nötig?			

Möglichkeit 2

LEITFADEN ZUM AUSWERTUNGSGESPRÄCH MIT AUSZUBILDENDEN

1. Bestandsaufnahme:	Worauf kam es bei der Aufgabe an? Wie war die Vorgehensweise? Was war neu für Sie? Was war schwierig für Sie?
2. Ergebniskontrolle:	Haben Sie die Aufgabe gelöst? Gab es unbeabsichtigte Nebenfolgen? Was ist Ihnen gut gelungen?
3. Zusammenarbeit:	Wen haben Sie einbezogen? Welche Erfahrungen (mit sich selbst, mit anderen) haben Sie dabei gemacht?
4. Lernen aus Fehlern:	Welche Fehler traten auf? Wo liegen Ihrer Ansicht nach die Ursachen?
5. Verbesserungen:	Welche anderen Wege sind möglich? Was könnten Sie besser machen? Was brauchen Sie dazu?
6. Eingesetzte Fähigkeiten:	Welche Fähigkeiten haben Sie eingesetzt (fachlich, methodisch, sozial, personal)?
7. Lernertrag:	Was haben Sie fachlich gelernt? Was wurde Ihnen über Ihre eigene Person klar? Welche Fragen sind offen geblieben?
8. Rückmeldung:	Sind Sie bereit, dass ich Ihnen eine über das Fachliche hinausgehende persönliche Rückmeldung gebe?
9. Neue Lernziele:	Was wollen Sie intensiver üben? Was nehmen Sie sich vor? Welche Unterstützung wünschen Sie sich dafür?

Möglichkeit 3

WIE WAR'S HEUTE?

Datum: . . . .

Sind Sie mit Ihrem heutigen Arbeitstag zufrieden?

☐ Ja ☐ Nein

Haben Sie heute erreicht, was Sie sich vorgenommen hatten?

☐ Ja ☐ Nein

Wie geht es Ihnen damit?

☐ Zufrieden

☐ Gelangweilt

☐ Glücklich

☐ Begeistert

☐ Habe es satt

Womit gab es Probleme?

☐ Disziplin

☐ Andere Auszubildende

☐ Ausbilder/innen

☐ Prüfungsanforderungen

☐ Fachtheorie

☐ Fachpraxis

☐ Allg. Vorschriften

☐ Umgebung

Wie soll's weitergehen?

Unterschrift des/der Auszubildenden: . . . .

Unterschrift des/der Ausbilder/in: . . . .

9. Die Lernformen und Methoden für die Entwicklung berufsbiografischer Gestaltungskompetenz

Eine selbstständigkeitsfördernde Ausbildungsmethodik stellt also die notwendige Grundlage für die Entwicklung berufsbiografischer Gestaltungskompetenz dar, indem sie die Auszubildenden auffordert, selbst aktiv zu werden, Aufgaben in eigener Initiative zu bearbeiten und eigenständig Lösungswege zu finden. Es sind jedoch weitere punktuelle Maßnahmen nötig, um die Entwicklung der spezifischen Komponenten berufsbiografischer Gestaltungskompetenz gezielt zu unterstützen. Diese müssen sich so weit als möglich in den normalen Ausbildungsablauf in Betrieb und Berufsschule integrieren lassen.

Dafür lässt sich an Formen anknüpfen, die größtenteils bereits in Ausbildungsgängen zum Einsatz kommen. Folgende Kombination hat sich bewährt:

- Selbstlernaufgaben für Auszubildende
- Wochenreflexionen („Lerntagebuch")
- Seminare und Workshops
- Feierabendtreffen
- Projekte

Jede dieser Formen bietet spezifische Chancen der Unterstützung für die Kompetenzentwicklung der Auszubildenden. Daher sollten nach Möglichkeit alle diese Formen kombiniert zum Einsatz kommen. Wie die vier Komponenten berufsbiografischer Gestaltungskompetenz auf diese Weise gefördert werden können, zeigen wir detailliert in den folgenden Kapiteln.

Zuvor stellen wir die einzelnen Formen, ihren spezifischen Beitrag und ihre Einsatzmöglichkeiten vor.

9.1. Selbstlernaufgaben für Auszubildende

Ein zentrales Element bilden die Selbstlernaufgaben. Dies sind schriftliche Aufgabenstellungen, die den Auszubildenden in einem regelmäßigen Turnus zur eigenständigen Bearbeitung übergeben werden. Der Sinn dieser Aufgaben besteht darin, dass sich die jungen Leute intensiv mit solchen Themen beschäftigen, die direkt auf Fragen der persönlichen Laufbahngestaltung Bezug nehmen. Dabei kann es sich um *Beobachtungs*aufgaben handeln (z.B. „Sehen, wo etwas fehlt", siehe Kap. 13), um *Reflexions*aufgaben (z.B. „Meine Ausbildungsstelle und ich", siehe Kap. 12) oder auch um *Gestaltungs*aufgaben (z.B. „Was kann ich selbst verändern?", siehe Kap. 12). Die in diesem Band vorgestellte Sammlung von Aufgaben versteht sich als Anregung für die betriebliche und schulische Ausbildung. Die Erfahrung zeigt, dass Auszubildende Freude daran haben, sich gegenseitig selbst neue Aufgaben zu stellen und sich dann darüber auszutauschen. Beim Einsatz solcher Aufgaben sind folgende Punkte wichtig:

- Die *Regelmäßigkeit* der Aufgaben soll in jedem Ausbildungsjahr über einen längeren Zeitraum aufrechterhalten werden, so dass die Beschäftigung damit zur Gewohnheit werden kann. Die Dauer der Einsatzzeit für die Aufgaben muss sich natürlich nach den Gegebenheiten vor Ort richten; sie sollte aber insbesondere im ersten Jahr nicht weniger als vier bis fünf Monate betragen.
- Als *Rhythmus* eignet sich prinzipiell sowohl ein Wochen- wie ein Monatsturnus. Für einige Auszubildende hat sich allerdings der Monatsturnus als zu lang erwiesen: Sie „vergessen" dann ihre Aufgabe und erledigen sie gegen Ende des Monats eher pro forma.
- Die Aufgaben sollen *schriftlich* gestellt werden, und sie müssen schriftlich bearbeitet werden. Das bewirkt eine tiefere Beschäftigung mit den Themen und schafft Verbindlichkeit.
- Die Verteilung der Aufgaben an die Auszubildenden kann mit einer persönlichen Übergabe durch Ausbilder/innen bzw. Lehrkräfte erfolgen. Falls andere Personen dies übernehmen (z.B. Bildungsdienstleister, weiteres pädagogisches Personal), empfiehlt sich die Sendung per Post oder per E-Mail.
- Ganz wichtig ist, dass die Aufgaben mit einer *„Rückantwort"* versehen werden. Auf diesem zweiten Aufgabenblatt halten die jungen Leute ihre wesentlichen Erkenntnisse, Beobachtungsergebnisse usw. fest. Der eigentliche Aufgabenbogen verbleibt bei ihnen selbst, auf dem Rückmeldebogen tragen sie das ein, was sie anderen zugänglich machen wollen.
- Es muss sichergestellt werden, dass die Erträge *Resonanz* finden. Dies kann in unterschiedlichsten Formen geschehen: Beispielsweise kann sich eine Gruppe von Auszubildenden regelmäßig (wöchentlich/monatlich) treffen, um sich darüber auszutauschen. Oder Ausbilder/innen bzw. Lehrkräfte vereinbaren mit ihren Auszubildenden einen festen Termin (z.B. montagmorgens oder freitagnachmittags), an dem sie sich zusammensetzen. Oder es findet sich in Betrieb oder Schule eine „Vertrauensperson", mit der sich die Auszubildenden darüber unterhalten wollen.
- Das Ende eines „Aufgabenturnus" sollte nicht „verläppern", z.B. dadurch, dass die Auszubildenden nachlässiger mit den Themenstellungen umgehen. Es ist vielmehr ratsam, eine bestimmte Zeitspanne zu planen , sie wirklich durchzuhalten und dann das „Ende des diesmaligen Turnus" zu *gestalten* –

zum Beispiel mit einer kleinen Abschlussrunde, einer Bewertung der Aufgaben durch die Auszubildenden, Verbesserungsvorschlägen, eigenen Themenstellungen der Auszubildenden usw.

Diese Selbstlernaufgaben haben weitreichende Effekte. Sie ermöglichen nicht nur die Beschäftigung mit persönlich und beruflich relevanten Themen. Darüber hinaus veranlagen sie in intensiver Weise Selbstlernkompetenz und Selbstreflexionsfähigkeit. Und sie sind eine Form, bei der „organisiertes Lernen" und Selbstlernen kombiniert werden.

9.2 Wochenreflexionen („Lerntagebuch")

Es gibt inzwischen viele unterschiedliche Arten von Lerntagebüchern, die in der Ausbildung eingesetzt werden. Meist dienen sie der Nachbereitung des Arbeitstags und thematisieren vor allem das, was neu gelernt wurde bzw. welche Fragen offen sind. Für den Kontext der Entwicklung berufsbiografischer Gestaltungskompetenz meinen wir jedoch eine Form von Lerntagebuch, die einem „persönlichen Wegbegleiter" entspricht, also tatsächlich ein Tagebuch ist, in dem man Eindrücke festhält, berufliche und private Erfahrungen auswertet, sich über Fragen klar wird, Gefühle wie Ärger über Misslungenes und Stolz auf Erfolge aufschreibt, Konflikte und Erfreuliches noch einmal bedenkt usw. Das Lerntagebuch darf keinesfalls mit dem obligatorischen Berichtsheft verwechselt werden. Daher ist es günstig, wenn es sich schon in seiner äußeren Gestaltung deutlich davon unterscheidet, d.h. die Auszubildenden aufgefordert werden, sich selbst eine passende Form zu suchen. Das kann ein einfaches Heft sein, ein „echtes" Tagebuch oder ein Ordner, in dem man lose Blätter sammelt.

Der Sinn des Lerntagebuchs besteht darin, alltägliche Erlebnisse so festzuhalten und zu reflektieren, dass man daraus einen *Erfahrungsgewinn* erzielt. Jeden Tag erlebt man eine Fülle von Begebenheiten, Gefühlen usw., die flüchtig bleiben, wenn man sich nicht näher damit beschäftigt. Das Lerntagebuch wird hier zum Partner eines inneren Dialogs, um von den eigenen Erfahrungen zu profitieren und sich über eigene Entwicklungsschritte klar zu werden. Man kann es mit einer Lupe vergleichen, die eine genauere Wahrnehmung ermöglicht, Details sichtbar macht und Übersehenes zutage fördert.

Es muss den Auszubildenden ganz deutlich vermittelt werden, dass sich das Lerntagebuch nicht auf Erlebnisse in der Ausbildung beschränkt, sondern alles aufnehmen kann, was den Einzelnen wichtig und bedenkenswert erscheint. Das Lerntagebuch ist ihre ganz persönliche Lern- und Entwicklungsbegleitung, die sie nicht aus der Hand geben. Allerdings muss man ebenso deutlich darauf hinweisen, dass

Schwierigkeiten beim Lernen in der Ausbildung, die bei der Beschäftigung mit dem Tagebuch auftreten, an diejenigen zurückgespiegelt werden, die es betrifft, seien es Ausbilder/innen oder andere Auszubildende. Auf diese Weise werden die Auszubildenden aufgefordert, selbst Verantwortung für ihren Lernerfolg in der Ausbildung zu übernehmen, Probleme mutig anzusprechen und sich für deren Lösung einzusetzen.

Das Lerntagebuch sollte mindestens einmal pro Woche zur Hand genommen werden, um einen persönlichen Wochenrückblick zu machen und auftretende Probleme gleich zu Beginn der neuen Woche anzupacken.

Es hat sich als ratsam erwiesen, zumindest anfänglich Anregungen für Fragerichtungen des Lerntagebuchs zu geben, wie zum Beispiel: „Was war in der letzten Woche besonders spannend für mich?" „Worüber habe ich mich geärgert?", „Was habe ich in der letzten Woche neu gelernt?" „Womit komme ich nicht klar?" „Womit würde ich mich gern näher beschäftigen?"

9.3 Seminare und Workshops

Seminare bzw. Lehrgänge sind heute üblicher Bestandteil der Ausbildung. Sie haben ihren Sinn darin, in einem geschützten Rahmen fachliche Inhalte zu vertiefen und/oder soziale Prozesse intensiver zu beleuchten. Dies gilt auch in Bezug auf die Entwicklung berufsbiografischer Gestaltungskompetenz. Hier dienen (zweitägige) Seminare als Plattform, um in die neuen Themen einzuführen und sie erlebbar zu machen, Erfahrungen auszutauschen und gemeinsame Vereinbarungen zu treffen. Um Grundlagen für die vier Komponenten berufsbiografischer Gestaltungsfähigkeit zu legen, sollten im Verlauf der Ausbildung zumindest vier solcher Plattformtreffen stattfinden.

Wenn es nicht möglich ist, externe Seminare mit Übernachtung durchzuführen, bieten sich eintägige Workshops in der Ausbildungseinrichtung oder einem sonstigen geeigneten Rahmen an (z.B. Kammern, Bildungseinrichtungen, Projektunterricht in der Berufsschule). Wesentlich ist, dass eine kurze „Auszeit" möglich ist. Die Seminare können von entsprechend geschultem Ausbildungspersonal bzw. externen Moderatoren durchgeführt werden. Kleine Unternehmen mit einer geringen Anzahl an Auszubildenden sollten versuchen, sich mit anderen Betrieben zu vernetzen, die ebenfalls die berufsbiografische Gestaltungskompetenz ihrer Auszubildenden fördern wollen. Solche heterogen zusammengesetzten Gruppen haben viele Vorzüge: Die Auszubildenden des eigenen Betriebs bekommen Einblick, wie es in anderen Betrieben zugeht, welche Anforderungen andere Berufe stellen, die Perspektiven vervielfachen sich usw. Außerdem wirkt sich die Heterogenität günstig auf die Dynamik der Gruppe aus; die Gefahr, sich „zu gut" zu kennen, verringert sich.

Die Gestaltung der Seminare bzw. Workshops sollte nicht nur inhaltlich, sondern in ihrer Gesamtkonzeption auf die Förderung der vier Komponenten berufsbiografischer Gestaltungskompetenz ausgerichtet sein. Dies bedeutet, dass eine Seminarkultur der Selbststeuerung und gründlichen Reflexion verankert werden muss. Als Mittel dafür hat sich bewährt, von Beginn an vier „Ämter" an Kleingruppen zu übertragen:

1. Die erste Gruppe ist dafür verantwortlich, die im Seminar erarbeiteten *Inhalte* zu dokumentieren und aus Sicht der Gruppe zu bewerten.
2. Die zweite Gruppe dokumentiert die am Seminartag eingesetzten *Methoden*, bespricht deren Sinn und Nutzen und bewertet sie.
3. Die dritte Gruppe ist für die *Seminarsteuerung* mitverantwortlich, d.h., sie kümmert sich um die Gestaltung der Räume, achtet auf das Zeitmanagement, mahnt Pausen an usw.
4. Die vierte Gruppe schließlich achtet auf die *soziale Stimmung* in der Gesamtgruppe, sie schätzt das soziale Klima zwischen den Teilnehmer/innen sowie der Seminarleitung ein, spricht Klärungsnotwendigkeiten an usw.

Alle Gruppen erhalten kurze schriftliche Arbeitsaufträge. Sie bekommen pro Seminartag eine Stunde Zeit, um am Ende des Tags eine Präsentation ihrer Erträge vorzustellen. Die Gruppenzusammensetzung wechselt täglich.

Mit solchen einfachen Maßnahmen kann die Entwicklung von Verantwortungsbereitschaft und Selbstorganisation erheblich unterstützt werden. Auszubildende lernen auf diese Weise ganz nebenbei, vor einer großen Gruppe frei zu sprechen, Prozesse zu beobachten und zu reflektieren, Einschätzungen vorzunehmen, soziales Gespür zu entwickeln, ihr eigenes Methodenrepertoire zu vergrößern, Konflikte anzusprechen … die Reihe ließe sich durchaus noch weiterführen!

9.4 Feierabendtreffen

Feierabendtreffen haben sich als einfach zu praktizierende Form bewährt, um an wesentlichen Etappen des gesamten Lernprozesses bisherige Erträge zu bündeln, Fragen gemeinsam zu klären und neue Vereinbarungen zu treffen. Die Lernenden kommen nach der Arbeit für die Dauer von ca. zwei Stunden zusammen. Was bei diesen Treffen geschieht, hängt vom Verlauf des Prozesses ab. Sie können beispielsweise für Präsentationen genutzt werden, um Zwischenstände bei der Entwicklung eines Projekts darzustellen. Sie können aber auch der Vertiefung einzelner Fragen dienen, die sich neu ergeben haben. Eine wesentliche Funktion besteht im Erfahrungsaustausch sowie der Sicherstellung, dass der Prozess reibungslos vonstatten geht, dass „alle im Boot" sind. Die Feierabendtreffen geben den Auszubildenden unterschiedlicher Fachrichtungen auch Gelegenheit, sich z.B. während längerer Berufsschulphasen (Blockunterricht) zu begegnen. Ihr Turnus richtet sich nach den jeweiligen spezifischen Gegebenheiten.

9.5 Projekte

Im Kontext der Förderung berufsbiografischer Gestaltungskompetenz kommt Projekten eine herausragende Bedeutung zu. Die komplexen Projekte, die hier gemeint sind, unterscheiden sich vom heute vielfach in der Ausbildung eingesetzten Projektlernen erheblich. Sie zielen nämlich in besonderer Weise auf die Entwicklung von Selbstmarketingkompetenzen und das Verfolgen der eigenen Kompetenzentwicklung und sind deshalb ganz offen angelegt. Es werden nur diese Kriterien vorgegeben:

1. Bei den Projekten muss es sich um etwas handeln, das den Teilnehmenden vollkommen neu ist, also etwas, das sie noch nicht beherrschen.
2. Die komplette Projektarbeit muss in Eigenregie erbracht werden, das heißt: Die Teilnehmenden müssen sich selbst Themen geben und sich eigenständig Wege der Realisierung suchen, einschließlich der dafür evtl. benötigten Ressourcen, Freigaben z.B. betrieblicher Informationen usw.
3. Die Projekte müssen in möglichst heterogenen Gruppen durchgeführt werden; diese Gruppen organisieren sich und ihren Arbeitsprozess selbstständig.
4. Der Planungsstand der Projekte muss präsentiert werden, am besten nicht nur innerhalb einer Gruppe von Auszubildenden, sondern öffentlich, etwa vor Führungskräften im Betrieb.
5. Während des Erarbeitungsprozesses im Projekt verfolgen die Teilnehmenden mit Hilfe eines einfachen Arbeitsbogens, welche Kompetenzen sie zur Realisierung des Projekts mobilisieren, welche neuen Kompetenzen dabei entstehen und wo sie selbst Weiterentwicklungsbedarf sehen.
6. Als Ergebnis der Projekte müssen Produkte entstehen. Das können öffentliche Präsentationen mit schriftlichen Darstellungen (Hand-outs) für die Zuhörerschaft sein oder Websites, das können aber auch konkrete Durchführungen sein, z.B. neue Auszubildende einzuführen, eine Aktivität für mehrere zu organisieren usw.

Es versteht sich von selbst, dass die Arbeit an den Projekten gründlich ausgewertet werden muss. Die Auswertung bezieht sich sowohl auf das Ergebnis wie insbesondere auch auf den Prozess der Erarbeitung. Dabei sollte besonderes Augenmerk auf die mit den Projekten verbundenen Ziele der Förderung von Selbstmarketing und des Erkennens des eigenen Kompetenzzuwachses gelegt werden.

Pro Ausbildungsjahr sollte mindestens ein Projekt durchgeführt werden.

9.6 Methodische Anmerkungen

Die folgenden Anmerkungen beziehen sich zunächst vor allem auf die Formen „Seminare/Workshops" sowie „Feierabendtreffen". Damit die Schwerpunkte der vier Komponenten berufsbiografischer Gestaltungskompetenz nicht „überschriftenhaft" bleiben, sondern an die eigene Erfahrungswelt der Auszubildenden anknüpfen, empfiehlt es sich, in den Seminaren vielfältige Erlebnismöglichkeiten zu schaffen. Dies geschieht am besten in Form von künstlerischen und anderen erlebnisbezogenen Übungen (Beispiele für solche Übungen sind auch in die Darstellung der folgenden Kapitel integriert).

Grundsätzlich sind zwei Wege möglich, um neue Themen einzuführen:

Weg 1: Von einer Erfahrung zur Erkenntnis

Weg 2: Von der Erkenntnis zu einer Erfahrung.

Welcher Weg jeweils beschritten wird, hängt von Faktoren ab wie: spezifisches Thema, zur Verfügung stehende Zeit, soziale Konstellation in der Gruppe und Gesamtkomposition des Seminars/Workshops.

Im Folgenden sei je ein Beispiel für diese beiden Wege skizziert.

a) Von der Erfahrung zur Erkenntnis

Das bedeutet, dass man den Teilnehmer/innen zunächst die Möglichkeit gibt, eine Erfahrung zu machen, die erst im nächsten Schritt zu einer Erkenntnis geführt wird. Ein Erlebnis, das neugierig macht, weckt das Interesse. Die Auszubildenden machen eine Erfahrung, die sie danach verstehen und einordnen wollen. So wird die dann folgende Erläuterung aufmerksam entgegengenommen und die selbstständige Urteilsbildung angeregt.

> Beispiel „Neue Anforderungen in der Arbeitswelt"
> *Ziel: Sich über die neuen Anforderungen in der Arbeitswelt klar werden, die damit verbunden sind, offene Situationen aus eigener Kraft zu gestalten.*

Erfahrungsebene

Die Auszubildenden bekommen die Aufgabe, aus Ton eine vorgegebene Form zu bilden (Würfel, Tetraeder). Anschließend sollen sie ebenfalls aus Ton eine freie Form gestalten.

Auswertung

In der Auswertung wird zunächst thematisiert, welche Fähigkeiten aufgebracht werden müssen, um die vorgegebene Form zu realisieren. Anschließend werden die Erfahrungen mit dem Gestalten der freien Form damit kontrastiert. Es zeigt sich üblicherweise, dass trotz der übereinstimmenden „technischen" Probleme die Vorgaben Sicherheit geben und dass es eindeutig richtige oder falsche Lösungen gibt. Bei der freien Form hingegen muss der Gestaltungsansatz ganz eigenständig gefunden werden, man muss sich aus der unbegrenzten Anzahl der Möglichkeiten für eine konkrete entscheiden. Im Prozess wird man damit konfrontiert, dass die eigene Vorstellung und das tatsächlich realisierte Ergebnis möglicherweise nicht übereinstimmen. Also muss man nach Verbesserungsmöglichkeiten suchen und letztlich mit dem Ergebnis „leben lernen", ohne dass es klare Kriterien für Gelingen oder Misslingen gibt.

Erkenntnisebene

Nun ist der Boden bereitet, um über die heutige Situation zu sprechen, in der sich Auszubildende wie alle Arbeitenden befinden, die sich nicht länger auf vorgegebene Wege verlassen können. Die damit verbundenen neuen Anforderungen an die Fähigkeiten jedes Einzelnen werden thematisiert und so systematisiert, dass erkennbar wird, weshalb die vier Kompetenzbündel berufsbiografischer Gestaltungskompetenz heute erworben werden müssen.

b) Von der Erkenntnis zur Erfahrung

Nicht alle Themen lassen sich über ein aktives Erlebnis einleiten. Dann ist es sinnvoll, zunächst eine theoretische Darstellung zu geben. Damit aber die Möglichkeit besteht, diesen Inhalt auch mit den eigenen Fragen zu verbinden, sollte eine mündliche Erläuterung, die zunächst nur kognitiv anspricht, visuell durch eine anschauliche Darstellung ergänzt werden. Danach sollte eine aktive Form der Verarbeitung möglich sein, die dann wiederum einen Bezug zur eigenen Person herstellt und ein Erlebnis ermöglicht.

Beispiel „Gesellschaftliche Veränderungen – was hat das mit meiner Arbeit zu tun?"

Ziel: Verflechtung der eigenen beruflichen Situation mit gesellschaftlichen Entwicklungen erkennen.

Erkenntnisebene
Anhand einer Folie/eines Inputs wird in kurzer Form thematisiert, wie Berufsfragen im Kontext globaler wirtschaftlicher und gesellschaftlicher Entwicklungen stehen.

Erfahrungsebene
Dann tauschen sich die Teilnehmenden in kleinen Gruppen darüber aus, ob sie diesen Behauptungen zustimmen und welche eigenen Erfahrungen sie dabei zugrunde legen. Erfahrungsgemäß können die Auszubildenden hier vieles aus eigener Anschauung beitragen: Einige Auszubildende haben bereits Erfahrungen mit einem Arbeitseinsatz im Ausland. Andere berichten über internationale Verflechtungen (von Rohstoffeinkauf bis Export) ihrer Betriebe, wieder andere erzählen von wirtschaftlichen Krisen ihres Betriebs und von mehrfachen Anläufen, eine Stelle zu finden.

Die Erarbeitung aller Maßnahmen zur Förderung berufsbiografischer Gestaltungskompetenz, die in die Ausbildung integriert werden, sollte immer beide Wege enthalten. Es muss jedoch jeweils entschieden werden, welchen Lerneinstieg ein Thema nahe legt.

An diesen Beispielen werden wesentliche Punkte der methodischen Gestaltung über seminaristische Formen hinaus deutlich. Lernen allgemein und die Förderung berufsbiografischer Gestaltungskompetenz im Besonderen gelingt dann am besten, wenn Inhalte und Vorgehensweisen sich unmittelbar mit eigenen Erfahrungen der Lernenden verknüpfen lassen. Dabei sind nicht nur bereits vorhandene Erfahrungen, also der Erfahrungsschatz aus der Vergangenheit, angesprochen, sondern ganz wesentlich auch Möglichkeiten, neue Erfahrungen zu machen. Daher sollten auch Lernformen wie Selbstlernaufgaben und Wochenreflexionen so gestaltet werden, dass sie diesen Erfahrungsbezug ermöglichen.

Im Folgenden stellen wir Wege dar, wie die vier Komponenten berufsbiografischer Gestaltungskompetenz in der Ausbildung gefördert werden können. Die Darstellung beruht auf Erfahrungen, die mit verschiedenen Gruppen von Auszubildenden in kleineren und mittleren Unternehmen gesammelt wurden. Aus diesem Kontext stammen die eingestreuten Zitate

10. Wege zur Förderung von Lernkompetenz

Wie notwendig die Förderung der Lernkompetenz von Auszubildenden ist, wissen alle, die in diesem Bereich tätig sind. Die Klagen über die Unselbstständigkeit der jungen Leute sind weit verbreitet. Allzu oft kommen die Jugendlichen mit einem schulisch geprägten Lernverhalten in die Betriebe, sie warten ab, bis ihnen die Ausbilder/innen genau sagen, was zu tun ist, weil sie nicht gelernt haben, eigenständig zu lernen. Die Lernkompetenz, die für die Entwicklung berufsbiografischer Gestaltungskompetenz benötigt wird, reicht jedoch über ein bloßes „Lernenkönnen" noch hinaus. Hier geht es darum, wirkliche „Selbstlernkompetenz" aufzubauen. Dazu gehört:

- Das eigene Lernverständnis zu erweitern
- Verantwortung für den eigenen Lernweg zu übernehmen
- Eigene Stärken und Schwächen zu erkennen und sich daraus selbst neue Lernziele zu setzen
- Eigene Lernstile und Lernimpulse erkennen zu lernen
- Eigene Lernerträge zu sichern.

10.1 Entwickeln eines erweiterten Lernverständnisses

Zunächst kommt es darauf an, dass die Auszubildenden unter „Lernen" mehr verstehen als die Art des Lernens, die sie aus der Schule gewohnt sind. Es soll ihnen bewusst werden, dass Lernen viel mehr umfasst als die organisierten Formen wie Unterricht oder Kurse, dass man also auch aus der Bewältigung von Aufgaben und aus Erfahrungen lernt sowie dass man sich selbst etwas zu lernen vornimmt, weil man z.B. eine neue Technik beherrschen lernen oder sich persönlich weiterentwickeln will.

Diese Differenzierung des Lernens kann im Gespräch mit den jungen Leuten rasch erreicht werden – schließlich haben sie alle selbst damit schon viele Erfahrungen gemacht. Meist genügt die Frage: „Was ist eigentlich für euch Lernen? Wo findet es überall statt?" Dann fällt ihnen auf, dass sie z.B. in ihrer Freizeit auch vieles lernen. Die meisten haben sich auch schon selbst einmal vorgenommen, aus freien Stücken etwas lernen zuwollen. Die Antworten können mit Hilfe des Modells „Lerndreieck" (vgl. Kap. 3) in einem Bild zusammengefasst werden.

Das Bewusstsein der Auszubildenden für das, was beim Lernen geschieht, sollte dann vertieft werden. Dafür eignet sich als Beispiel etwa „Skateboard fahren lernen", weil die meisten Auszubildenden dies aus ihrer eigenen Erfahrung kennen. Dieses Beispiel wird gemeinsam Schritt für Schritt durchgespielt. Diejenigen, die dieses Gespräch leiten, sollten den konkreten einzelnen Schritt gemäß der Darstellung der Lernschritte in Teil I verallgemeinern. (Formulierungsvorschläge dafür sind kursiv gekennzeichnet.)

1. Schritt:
Man möchte Skateboard fahren können, aber weiß nicht wie das geht.
(Das Lerninteresse wird geweckt.)

2. Schritt:
Man verspürt den Wunsch, der Sache näher zu treten, und weiß, dass man dazu selbst aktiv werden muss (man will nicht nur theoretisch wissen, wie es geht, sondern es praktisch beherrschen).
(Man stellt einen Bezug zu sich selbst her und sagt sich: Ich kann noch nicht Skateboard fahren, aber ich möchte und kann es lernen.)

3. Schritt:
Der Entschluss, Skateboard fahren zu lernen, wird getroffen.
(Lernentschluss)

4. Schritt:
Man informiert sich, fragt nach, beobachtet andere, probiert es vielleicht aus und untersucht die Möglichkeiten, sich ein Skateboard zu beschaffen.
(Man klärt die Bedingungen genauer.)

5. Schritt:
Hat man das nötige Gerät, beginnt man damit zu fahren.
(Man probiert einfach, d.h., man begibt sich in die Situation, die die gefragten Fähigkeiten fordert.)

6. Schritt:
Man dosiert die Lernschritte so, dass man zwar gefordert, aber nicht überfordert ist. Man sucht sich selbst die schwierigen Stellen oder fährt z.B. erst einmal ganz langsam.
(Man entscheidet über die Dosierung der Lernschritte.)

7. Schritt:
Man steigert seine Fahrkünste und bemüht sich zu üben.
(Übungsphase)

8. Schritt:
Man erlebt, dass man Fehler macht, z.B. noch nicht richtig bremsen kann. Diese Fehler können einem aber genau zeigen, wo es noch etwas zu lernen gibt. Und man muss sich dann jemanden suchen, der einen informiert und Tipps geben kann. Vielleicht gibt es eine besondere Technik, von der man nichts wusste und die einem jemand einmal zeigen muss.

(Fehler geben Aufschluss über die weiteren Lernnotwendigkeiten; Lernen aus Fehlern.)

9. Schritt:
Man findet heraus, wo die besonderen Schwachpunkte sind.
(Man führt sich seine bisherigen Erfahrungen vor Augen und zieht Schlüsse daraus.)

10. Schritt:
Man übt, indem man die schwierige Situation wiederholt und es immer wieder probiert.
(Gezieltes Üben)

11. Schritt:
Langsam bemerkt man, dass sich das eigene Fahrverhalten verbessert.
(Das Gefühl von Sicherheit und Beherrschung einer Technik stellt sich ein.)

12. Schritt:
Man übt bewusst in unterschiedlichen Bedingungen, beispielsweise nicht nur am bisherigen Übungsplatz, sondern an den verschiedensten anderen Orten.
(Man verstärkt seine Fähigkeiten so, dass sie auf neue Situationen übertragbar werden.)

Gemeinsam mit den Auszubildenden kann dann überlegt werden, wie sich dieses Beispiel auf die Ausbildung übertragen lässt. Eine Einstiegsfrage kann beispielsweise sein: „Welchen Unterschied seht ihr zwischen dem Lernen in der Schule und dem Lernen hier in der Ausbildung?"

Zunächst sind Auszubildende mitunter irritiert, dass so ausführlich über Lernen gesprochen wird. Es wird ihnen jedoch rasch klar, welche Bedeutung es hat, sich seines eigenen Lernverhaltens bewusst zu werden. Im Gespräch können sie selbst benennen, worauf es ankommt: Lernen zu wollen bedeutet, selbst aktiv zu werden, um Wissenslücken zu schließen und die nötigen Fähigkeiten zu erwerben. Die beschriebene Spannung zwischen dem, was man kann, und dem, was man können möchte, muss erlebt und ausgehalten werden können, damit sich eine eigenständige Lernmotivation entwickelt. Wichtig ist zu thematisieren, dass Lernen erst dann in Gang kommt, wenn ich bereit bin, das eigene Noch-nicht-Können zu akzeptieren und als Aufforderung an mich selbst zur Veränderung zu begreifen. Dies kann eine Klippe sein, weil gerade Jugendliche mitunter dazu neigen, die Verantwortung von sich wegzuschieben und beispielsweise „dem Ausbilder, der nicht gut erklären kann", die Schuld an ihrem Nichtkönnen zu geben. Hier geht es darum, ganz klar zu bejahen: Wer an der Situation etwas ändern kann und soll, bin ich selbst! Und ich muss bereit sein, Klippen und „Durchhänger" aus eigener Kraft zu überwinden.

Neben der Änderung der Einstellung bei den Auszubildenden müssen aber auch die Ausbilder/innen und Lehrkräfte bereit sein, die Verantwortung nach und nach in die Hände der Auszubildenden zu legen, indem sie, wie beschrieben, selbstständigkeitsfördernd ausbilden. Beide Seiten brauchen das Bewusstsein, *„man kann nicht ‚gelernt werden', man kann nur selber lernen"*.

An dieser Stelle sollten die Ausbildenden das Instrument „Selbstlernaufgaben" vorstellen. Sie erläutern den Sinn dieser Aufgaben und betonen, dass damit die Auszubildenden darin unterstützt werden sollen, ihren Lernprozess bewusster zu gestalten, sich mit Fragen des Lernens in der Ausbildung und im privaten Leben gezielt auseinander zu setzen und die eigene Lernkompetenz zu stärken. Die Selbstlernaufgaben sollen helfen, allmählich zu üben, an einer Sache dranzubleiben, um Lernprozesse nicht vorzeitig abzubrechen.

Es ist wichtig, Diskretion im Umgang mit den Aufgaben zuzusichern. Die Auszubildenden sollen selbst entscheiden, was sie anderen davon zugänglich machen. Zugleich muss jedoch auch klar sein, dass die Aufgaben integraler Bestandteil des Lernens in der Ausbildung sind. Die Ausbilder/innen sollten ankündigen, dass Selbstlernaufgaben zunächst von ihnen gestellt werden, dann jedoch sich auch die Auszubildenden gegenseitig selbst solche Aufgaben geben können.

Als erste Selbstlernaufgabe hat sich „Sich Erfolge bewusst machen" besonders bewährt. Sie fordert dazu auf – anders als meist gewohnt –, nicht nach eigenen Fehlern und misslungenem Lernen zu schauen, sondern sich klarzumachen, was man bereits aus eigenem Antrieb geschafft hat. Mit dieser Aufgabe sollen sich die Auszubildenden eine gewisse Zeit (eine Woche, einen Monat lang) beschäftigen, sich dazu schriftliche Notizen machen und sich dann überlegen, was davon sie anderen berichten wollen.

Selbstlernaufgabe

SICH ERFOLGE BEWUSST MACHEN

Achten Sie in der nächsten Zeit besonders auf solche Situationen, die in irgendeiner Weise schwierig für Sie waren (z.B. fachpraktisch, fachtheoretisch, persönlich, sozial ...) und die Sie *dennoch erfolgreich gemeistert* haben.

Greifen Sie *eine* solche Situation heraus und untersuchen Sie diese genauer. Beschreiben Sie sie nach folgenden Kriterien:

1. **Wie war die Situation genau, welche Rahmenbedingungen gab es, evtl.: Wer war sonst noch beteiligt? usw.**
   Das Ziel ist, dass Sie sich selbst ein möglichst vollständiges Bild von dieser Situation machen.

   ....

   ....

2. **Worin bestand(en) die Schwierigkeit(en) dieser Situation für mich genau?**
   Das Ziel ist, dass Sie sich über alles klar werden, was an Schwierigkeiten in der Situation steckte.

   ....

   ....

3. **Wie habe ich die Schwierigkeiten gelöst?**
   Das Ziel ist, dass Sie sich darüber klar werden, welche Faktoren zum Erfolg beigetragen haben, z.B. Ihr Selbstvertrauen/Mut, Unterstützung durch andere, nämlich ...; plötzliche gute Ideen, die Ihnen eingefallen sind, usw.

   ....

   ....

4. **Fassen Sie zum Schluss zusammen, was Ihnen dies alles über Sie selbst und Ihre Fähigkeiten sagt:**

   ....

   ....

Die Erfahrungen mit dieser Aufgabe sind meist sehr positiv. Die Auszubildenden berichten, es sei für sie zwar ungewohnt, aber sehr interessant, sich mit einer solchen Selbstbeobachtungsaufgabe auseinander zu setzen. Besonders motivierend ist es für sie, sich eigene Erfolgserlebnisse vor Augen zu führen.

Beispiele aus einer Auszubildendengruppe:

> „Bei einer starken Auseinandersetzung mit einem Berufsschullehrer wegen einer Klassenarbeit habe ich meine Kritik geäußert, aber bin ruhig geblieben."
>
> „Ich habe mir beim Einbau einer Hauptwasserleitung neue Kenntnisse angeeignet, obwohl es sehr schwierig war."
>
> „Ich habe geschafft, nein zu sagen, als mein Chef mich um Überstunden gebeten hat. Ich bin stolz, dass ich standhaft geblieben bin. Ich fühle mich oft ausgenutzt."

10.2 Verantwortung für den eigenen Lernweg übernehmen

Das Thema „Verantwortung für den eigenen Lernweg übernehmen" soll die gesamte Ausbildungsgestaltung durchziehen. Es kann den Auszubildenden bereits in den ersten Tagen im Betrieb am besten anhand einer konkreten Erfahrung erlebbar gemacht werden.

Dafür ist die folgende Übung gut geeignet (Methode: Von einer Erfahrung zur Erkenntnis):

> Die neuen Auszubildenden bekommen gleich am ersten Tag eine Führung durch den Betrieb, bei der die einzelnen Mitarbeiter/innen ihre Berufe und Tätigkeiten vorstellen. Dafür erhalten die Auszubildenden folgende Aufgabe:
>
> Sie sollen eine Aufstellung machen, was man für den eigenen gewählten Beruf alles können muss. Auch wenn es nur Vermutungen sind, sollen sie versuchen, sich ein Bild zu machen, was an den verschiedenen Stellen im Betrieb getan wird. Danach wird zusammengetragen, was an den verschiedenen Arbeitsplätzen beobachtet wurde.
>
> Die Auszubildenden sollen sich anschließend überlegen, was sie alles lernen wollen, damit sie eines Tages eine solche Arbeit professionell ausführen können. Sie bekommen dafür 10 Minuten Zeit. Dann tauschen sie dies mit einem anderen Auszubildenden des gleichen Berufs aus, ergänzen oder modifizieren.

Die Auszubildenden sind bei einer solchen Aufgabe sehr neugierig und aufmerksam. Oft sind sie zuerst zögerlich, sich zu äußern. Nach einiger Ermutigung erzählen sie von ihren Eindrücken und beginnen sich auch darüber auszutauschen, welche Vorstellungen sie von ihrem Ausbildungsberuf bisher hatten und wie sich diese Vorstellungen durch die reale Einsicht verändert haben. Mit Hilfe dieser Übung können die Auszubildenden nicht nur einen konkreteren Einblick in die Berufswirklichkeit bekommen. Es erschließt sich ihnen damit auch der Sinn des Ausbildungsrahmenplans besser, in dem die beruflichen Anforderungen abgebildet sind.

Die Verantwortung für den eigenen Lernweg kann durch eine weitere Selbstlernaufgabe gefördert werden. Darin machen sich die Auszubildenden klar, wie ihr eigenes Lernverhalten beschaffen ist.

Selbstlernaufgabe

WIE LERNE ICH EIGENTLICH?

Beobachten Sie doch in der nächsten Zeit einmal, wann Sie meinen, etwas zu lernen.

Was treibt Sie an zu lernen? Beispiele:

....

....

....

Lernen Sie, wenn andere etwas fordern oder weil Sie es selber wollen?

....

....

....

Was machen Sie, wenn Sie keine Lust haben und nicht motiviert sind? Wie können Sie sich dann überwinden, doch aktiv zu werden?

....

....

....

Zu der Frage „Was treibt Sie an zu lernen?" berichtet ein Auszubildender:

> „Ich habe herausgefunden, dass mein größter Antreiber ich selber bin. Die Ziele, die ich mir setze, möchte ich erreichen und mich auch selbst dorthin führen. Natürlich geht das ganz alleine und ohne Hilfe nicht. Egal ob in Beruf oder Freizeit gibt es Personen, die dieses Streben nach Zielen in richtige Bahnen lenken. Durch größere Erfahrung usw. Dieses Lenken finde ich wichtig. Dennoch glaube ich, dass das meiste von einem selbst kommen muss. Wahrscheinlich würde man auch ohne solche „Antreiber" handeln, um ein Ziel zu erreichen. Aber das wäre sicher schwerer, und ein paar Stolperer bis zum Ziel würden nicht ausbleiben."

10.3 Eigene Stärken und Schwächen erkennen und sich Ziele setzen

Nur wenn eine „Lernspannung" vorhanden ist, entsteht die Motivation zum Lernen. Daher ist eine Art Diagnose des eigenen Lern-/Entwicklungsstands, dessen, was man gut und weniger gut kann, eine sinnvolle Möglichkeit, diese Spannung hervorzurufen.

Nach jeder in der betrieblichen Ausbildung erledigten Aufgabe bzw. nach Unterrichtsabschnitten ist ein Auswertungsgespräch mit einer Selbsteinschätzung für diese Diagnose sehr wertvoll. Diese Selbsteinschätzung kann durch Selbstlernaufgaben punktuell geübt werden. Sie kann darüber hinaus jedoch dauerhaft gefördert werden durch ein *Lerntagebuch* (vgl. Kap 9.1.2). Dieses Tagebuch hilft, Selbstreflexionsfähigkeiten und eine realistische Selbsteinschätzung zu entwickeln, und es unterstützt das Lernen aus der täglichen Erfahrung. Es sollte nach Möglichkeit täglich, mindestens aber am Ende der Woche geführt werden. Die Auszubildenden entscheiden selbst, was sie in ihrem Tagebuch notieren.

Günstig ist jedoch, den Auszubildenden dafür eine erste Strukturierungshilfe anzubieten, etwa mit einem solchen Text:

> *Im Lerntagebuch halte ich wichtige berufliche und private Eindrücke fest, ich versuche meinem Lernen auf die Spur zu kommen, mache mir meine Erfolge klar und finde heraus, welche Fragen ich habe.*
>
> *Dazu frage ich mich:*
>
> - *Was habe ich heute/in der letzten Woche alles erlebt?*
> - *Was war neu, spannend, wichtig, bedrückend für mich?*
> - *Was wurde mir im Zusammenhang mit meiner Arbeit klarer?*
> - *Welche Fragen sind offen?*
> - *Womit will ich mich näher beschäftigen?*

Erfahrungsgemäß stellt ein solches Lerntagebuch hohe Anforderungen an die Disziplin und Durchhaltefähigkeit der Auszubildenden. Es gibt zwei Erfolgsfaktoren: Die Auszubildenden erleben, „dass man sich die Eindrücke, die sonst nur flüchtig sind, viel bewusster macht", wie es ein Auszubildender ausdrückt. Und besonders motivierend wirkt es, wenn sie Resonanz erleben. So meldeten beispielsweise einige Auszubildende ihren Ausbilder/innen zurück, was sie noch nicht richtig verstanden hatten – und gemeinsam wurden diese Lücken geschlossen.

Lernen ist jedoch nicht nur erforderlich, um einen aktuell entdeckten Mangel auszugleichen. Ebenso wichtig für die Entwicklung von Lernkompetenz ist es, sich vorausschauend damit zu befassen, was man selbst für die Zukunft brauchen wird. Eine gute Grundlage, um mit Auszubildenden ins Gespräch über zukünftige Anforderungen zu kommen, stellt die kurze Übersicht von Karlheinz Geißler dar.

FOLGENDE KOMPETENZEN WERDEN FÜR DIE ZUKUNFT VON BEDEUTUNG SEIN:

Pluralitätskompetenz:

Jeder muss lernen, mit den unterschiedlichen Problemen und Unsicherheiten zurechtzukommen, mit Konflikten und Ambivalenzen umzugehen und die Welt stets aus mehreren Perspektiven anzusehen.

Übergangskompetenz:

Jeder muss lernen, ohne feste Eckfeiler in seinem Leben auszukommen, immer wieder sinnvoll mit Vergangenem abzuschließen, Neues zu beginnen und Übergangssituationen zu meistern.

Prozessstrukturbezogene Kompetenz:

Jeder muss die Fähigkeiten erwerben, einen Lebensplan zu entwerfen und den Wechselfällen des Lebens immer wieder neu anzupassen. Dazu benötigt er Selbstreflexion, Selbstbeobachtung und realistische Selbsteinschätzung sowie die Fähigkeit, für sich selbst daraus die richtigen Schlussfolgerungen für das eigene Leben zu ziehen.

Karlheinz Geißler, Vortrag auf der Internationalen Tagung zur Berufsberatung (Mskr.), Berlin 2000

In der Diskussion dieser Thesen können auch die Ausbilder/innen darüber sprechen, wie sie selbst zu diesen Anforderungen stehen. Am Ende sollte die Aufforderung an die Auszubildenden stehen, sich klar zu machen, welche dieser Fähigkeiten und Haltungen dem Einzelnen bereits zur Verfügung stehen und welche noch entwickelt werden müssen.

Dieser Schritt ist sinnvoll, da die meisten Auszubildenden noch kaum genauer darüber nachgedacht haben, was sie alles tun sollten, um sich auf die Zukunft vorzubereiten.

Wenn eine vertrauensvolle Gesprächsatmosphäre herrscht, können die Auszubildenden angeregt werden, sich für die nächsten Wochen vorzunehmen, an den entsprechenden Punkten ihrer persönlichen Weiterentwicklung zu arbeiten.

10.4 Eigene Lernstile und Lernimpulse entdecken

Menschen sind verschieden und lernen individuell am besten auf unterschiedliche Art, in verschiedenen Lernstilen (während eine Person z.B. zunächst etwas ausprobieren möchte, braucht eine andere vorab eine umfassende theoretische Beschäftigung mit einer Sache). Es ist für Auszubildende nützlich, wenn sie genauer kennen lernen können, wie sie sich auf die Schritte des Lernprozesses einlassen und wo sie auf Barrieren und Blockaden stoßen.

Dazu ist es hilfreich, sich zu vergegenwärtigen, dass bei allen Handlungen, die ein Mensch ausführt, immer sein Denken, sein Gefühl und sein Willen/seine Handlungsfähigkeit beteiligt sind. Geht es nun darum, etwas Neues zu tun, etwas also, das man noch nicht beherrscht und zu dessen Bewältigung man „lernend-handelnd" vorgeht, dann stoßen Denken, Gefühl und Willen/Handlungsfähigkeit deutlich wahrnehmbar an Grenzen: Man hat beispielweise zu wenig Informationen über die Sache oder darüber, was genau verlangt ist (Denken), man kämpft mit Unsicherheit, Resignation, Unlust (Gefühl), man scheitert daran, die nötigen Fertigkeiten aufzubringen (Handlungsfähigkeit).

Das Modell dieser Klippen differenziert den in den Lernschritten beschriebenen „Mangel" weiter aus: Worin besteht der Mangel genau, den ich erlebe? Muss ich mehr wissen, mit meinen Gefühlen anders umgehen, oder brauche ich neue Handlungsmöglichkeiten? Die Überwindung der Hindernisse durch die „lernend-handelnde" Auseinandersetzung mit einer Sache ist also ein Lernakt – der jedoch nur gelingt, wenn ich mich bemühe, tatsächlich bis zur Überwindung der Barrieren durchzuhalten. Lernklippen sind also zugleich Lernimpulse – die der Lernende je nach seinem individuellen Lernstil aufgreift und nutzt. In der Arbeit mit Auszubildenden geht es darum, sie anzuregen, über ihr Lernverhalten nachzudenken, damit sie ihre persönlichen „Knackpunkte" und Lernimpulse kennen lernen und die Chance bekommen, sie zu überwinden.

Eine Möglichkeit, das eigene Lernverhalten kennen zu lernen, ist eine praktische Erlebnisübung. Wesentlich bei einer solchen Übung ist, dass sie die Auszubildenden vor unbekannte Herausforderungen stellt. Das heißt, es sollten Übungen gewählt werden, die mit unbekannten Techniken verbunden sind und bei denen man sicher sein kann, dass im Verlauf Unlustgefühle wie Ungeduld, Scheitern an der Technik usw. auftreten, die Aufgabe jedoch mit etwas Mühe gelöst werden kann. Die Erfahrung dieser Unlustgefühle ist wichtig, weil man dadurch die persönlichen Klippen nachdrücklich erlebt.

Die Übung wird am besten in einem geschützten Rahmen (z.B. eines Seminars) durchgeführt. Denkbar sind z.B. Übungen mit Ton, bei denen eine bestimmte Form mit vorgegebenen Abmessungen erstellt werden muss.

Als einfache Möglichkeit schildern wir eine Falt-Übung, die keinen großen Aufwand erfordert. An Material werden lediglich farbiges Papier und Scheren benötigt. Die schriftliche Anleitung kann aus einem Bastelbuch (z.B. Origami-Falten) entnommen werden (Methode: Ausgehend von einer Erfahrung zur Erkenntnis).

> Übung
> *Die Auszubildenden bekommen die Aufgabe, aus Papier eine Schachtel zu falten. Ganz bewusst wird ihnen nichts erklärt, sondern sie bekommen nur eine Beschreibung des Vorgehens (ohne erläuternde Zeichnung) und das notwendige Material. Während der Bearbeitung der Aufgabe sollen auf einem Zettel kontinuierlich die eigenen Gefühle, Erfahrungen und Vorgehensweisen notiert werden.*
>
> Auswertung
> *Der Erarbeitungsprozess wird so ausgewertet, dass die unterwegs aufgetauchten Denk-, Gefühls- und Handlungsbarrieren und die sie begleitenden Gefühle geschildert werden. Besonders gründlich soll berichtet werden, wie die Lösung der Aufgabe trotz aller Frustration gelang. Anschließend wird der Bezug zum Lernen in der Ausbildung hergestellt: Gibt es dort ähnliche Erfahrungen? Mit welchen Klippen haben die einzelnen Lernenden besonders zu kämpfen?*

Rückmeldungen dazu aus einer Auszubildendengruppe:

> „Ich habe wie viele Probleme, in die Gänge zu kommen, man schiebt etwas ewig vor sich her. Besonders wenn es anstrengend ist und man nicht so richtig Lust dazu hat. Da geht es den meisten so."
>
> „Ich bin oft zu ungeduldig und will dann alles ganz schnell hinter mich bringen. Dabei passieren dann Fehler, weil ich nicht genug überlegt habe. Und dann fällt es mir schwer, alles noch mal ruhiger anzugehen."

Die Sammlung der „erfolgreichen Strategien zum Überwinden von Denk-, Gefühls- und Handlungsklippen" ermutigt und macht deutlich, dass diese Hindernisse trotz allen anfänglichen Widerstrebens überwunden werden können, indem man seine Kräfte mobilisiert, seine Gefühle beherrschen lernt usw. Außerdem können die Einzelnen dadurch genauer erkennen, welche persönliche Vorgehensweise ihnen am besten liegt: erst gründlich durchdenken, drauflosprobieren, Schritt für Schritt vorgehen, sich von anderen anregen lassen, das Prinzip durchschauen usw.

Die Lernerfahrungen mit einer solchen Übung sollten durch Selbstlernaufgaben vertieft werden. Dabei bieten sich Aufgaben an wie das folgende Beispiel, bei dem sich die Auszubildenden selbst überlegen, mit welcher Art des Lernens und der Lernbegleitung sie am besten zurechtkommen.

Selbstlernaufgabe

SICH SELBST AUSBILDEN

Stellen Sie sich vor, Sie wären Ihr/e Ausbilder/in im Betrieb oder Ihre Lehrkraft in der Berufsschule. Überlegen Sie, was das für Sie heißen könnte.

Welche Eigenschaften hat diese/r Ausbilder/in? Warum sind gerade diese Eigenschaften wichtig?

a) im Betrieb

....

....

b) in der Berufsschule

....

....

Wie geht diese/r Ausbilder/in mit Ihnen um? Was macht er/sie, was nicht?

....

....

Wie sollte diese/r Ausbilder/in Sie beim Lernen begleiten?

....

....

Welche Wünsche haben Sie an diese/n Ausbilder/in?

....

....

Was könnten Sie selbst tun, um sich diese Wünsche zu erfüllen?

....

....

10.5 Lernerträge sichern

Lernen verläuft in den wenigsten Fällen so spektakulär, dass man sofort merkt: Aha, jetzt habe ich etwas gelernt. Es bedarf vielmehr immer wieder eines Rückblicks auf gemeisterte Situationen, damit man sich den eigenen Lernertrag bewusst macht. Und einmal Gelerntes muss angewandt und gesichert werden, um nicht verloren zu gehen: Erkenntnisse müssen vertieft, neu erworbene Handlungsfähigkeiten immer wieder eingesetzt werden.

Dafür bietet die Ausbildung zahlreiche Möglichkeiten: Neben der Steigerung der Anforderungen sind hier vor allem die Auswertungsgespräche zu nennen, die die Ausbilder/innen und Lehrkräfte mit den Auszubildenden führen und die zu einer Gewohnheit werden sollten. Daneben ist das bereits angesprochene Lerntagebuch hilfreich.

Eine besonders gute Möglichkeit der Sicherung von Lernerträgen bilden Formen, in denen das Gelernte und Erarbeitete anderen vorgestellt werden muss, d. h. also Präsentationen aller Art. Solche Präsentationen können problemlos in den Ausbildungsalltag in Betrieb und Schule integriert werden, indem beispielsweise Auszubildende an ihrem Arbeitsplatz anderen das Werkstück bzw. den Arbeitsauftrag, an dem sie gerade arbeiten, vorstellen. Sie erläutern dabei, worum es genau geht, wie sie vorgehen, welche Überlegungen angestellt werden müssen usw. Der Lernerfolg kann noch gesteigert werden, wenn mehrere Auszubildende in einer Gruppe zusammenarbeiten. Dann können Präsentationen während der Erarbeitung mit dem Ziel anberaumt werden, dass anschließend die Werkstücke/Aufträge getauscht werden, so dass ein anderer Auszubildender das Stück seines Vorgängers fertig stellt – nachdem ihn dieser umfassend „eingewiesen" hat.

Besonders wirksam sind Präsentationen im Zusammenhang mit Projekten. Hier müssen die Auszubildenden mehrfach präsentieren. Günstigerweise sollten diese Präsentationen „hoch angesiedelt" werden. Es gibt gute Erfahrungen damit, die jungen Leute bei Projekten bereits ihre Planungen vor ihren Ausbilder/innen und der Geschäftsleitung vorstellen zu lassen. Bei dieser Gelegenheit müssen sich die Auszubildenden kritischen Nachfragen stellen und Wünsche der Geschäftsleitung mit in ihre Planungen einarbeiten. Nach erfolgreicher „Abnahme" der Planung können die Vorgesetzten dann einen schriftlichen Auftrag zur Durchführung des Projekts erteilen und darin auch eine weitere Zwischenpräsentation einfordern.

11. Wege zur Förderung der Selbsteinschätzung der eigenen Kompetenzen

Auszubildende sollen lernen, ihre eigenen Fähigkeiten einzuschätzen und ihr Kompetenzprofil auch für andere sichtbar zu machen. Bei der Einführung in diesen Themenkomplex können Ausbildende darauf hinweisen, dass Personalverantwortliche heute bei Bewerbungsgesprächen gezielt danach fragen. Dabei wird auch erwartet, dass Bewerber/innen neben ihren Zertifikaten ihre informell erworbenen Kompetenzen zur Sprache bringen.

Es ist jedoch nicht ganz einfach, sich darüber klar zu werden. Damit dies gelingt, sollten die Auszubildenden mit einfachen Methoden der Kompetenzerfassung vertraut werden.

Eine kleine erlebnisbezogene Übung kann den Blick dafür schärfen, wie man sich die in einzelnen Tätigkeiten bzw. Situationen verborgenen Anforderungen klar machen kann (Methode: Vom Erlebnis zur Erkenntnis).

Die Auszubildenden sollen mit der linken Hand (Linkshänder mit der rechten Hand) einen Satz aufschreiben und dann mit ihrem Namen unterschreiben.

Dann schauen sie sich das Ergebnis an und beurteilen es.

Anschließend wird gemeinsam überlegt, was gefordert war, um diese kleine Aufgabe zu erfüllen.

In einem nächsten Schritt wird gesammelt, welche Schritte die Tätigkeit hatte und welche Anforderungen damit verbunden sind.

In einer Auszubildendengruppe ergab sich folgende Rückmeldung:

Man musste sich einen Satz ausdenken.

Dann musste man den Stift in die „falsche" Hand nehmen und das ungewohnte Gefühl aushalten

Um schreiben zu können, musste man herausfinden, wie das überhaupt geht, indem man einfach anfängt und ausprobiert. Dabei war es schwierig, die Hand zu kontrollieren.

Man muss es aushalten, dass das Ergebnis schrecklich aussieht.

11.1 Formell und informell erworbene Fähigkeiten erkennen

Bevor die Auszubildenden ihren eigenen Fähigkeiten näher auf die Spur gehen, bekommen sie eine einfache Definition des Unterschieds von formell und informell erworbenen Fähigkeiten:

„Formell erworben" nennt man alle die Fähigkeiten, für die man ein Zertifikat (Zeugnis) bekommt. „Informell erworben" nennt man alle die Fähigkeiten, die man darüber hinaus bildet, v.a. durch die Auseinandersetzung mit Situationen, in denen man gefordert ist.

Die Auszubildenden werden ermutigt, auch solche Bereiche ihres bisherigen Lebens als fähigkeitsbildend anzuerkennen, die sie bisher als „rein privat" einschätzten. Dazu sollen sie sich eine Situation aus der jüngsten Zeit auswählen, bei der sie eine Herausforderung gemeistert haben, und diese Situation näher untersuchen.

Als Hilfsmittel bekommen sie das Arbeitsblatt „Die Stufen der vollständigen Arbeitshandlung", um die ausgewählte Situation damit genauer zu erfassen. Dieser Schritt kann entweder gemeinsam an einem exemplarischen Beispiel gemacht werden (dies bietet sich im Rahmen eines Seminars an) oder aber als individuelle Einzelarbeit. Ein Auszubildender hatte sich beispielsweise vor kurzem selbst ein Bett gebaut und ging dieses „Eigenprojekt" nach den Stufen durch.

Ein weiterer Schritt zum Erkennen der (insbesondere informell erworbenen) eigenen Fähigkeiten kann mit Hilfe einer Selbstlernaufgabe getan werden. Die Auszubildenden untersuchen darin ihre bisherige Lebensgeschichte und machen sich klar, welche Lernerträge mit unterschiedlichen Situationen verbunden waren.

Diese Aufgabe stellt gewisse Anforderungen an die Reflexionsfähigkeit der jungen Leute. Erfahrungsgemäß ist es für sie jedoch reizvoll, das eigene Leben in diesem neuen Licht zu betrachten. Ganz nebenbei wird durch die Aufgabe ein erster „biografischer" Ansatz eingeführt.

Die Ergebnisse dieser Untersuchungen werden zunächst von den Auszubildenden individuell gesammelt und münden schließlich in die Erstellung eines persönlichen Portfolios (vgl. Kap. 11.2.2).

Arbeitsblatt

DIE STUFEN DER VOLLSTÄNDIGEN ARBEITSHANDLUNG

Eine vollständige Arbeitshandlung besteht aus verschiedenen Schritten, die folgendermaßen beschrieben werden können:

Erkennen der Aufgabe
Jeder Arbeitsprozess beginnt damit, dass irgendwo ein Problem, ein Bedürfnis, ein Auftrag auftaucht, den man sich als Aufgabe vornimmt

Planen
Hat man die Ziele und Zwecke der Arbeit begriffen und zu seiner Sache gemacht, wird in der Regel nicht einfach losgearbeitet, sondern man muss sich jetzt genau überlegen, wie man nun vorgehen will.

Sich entschließen zur Tat
Obwohl es meist immer noch etwas zu bedenken gäbe, kann man nicht ewig planen oder alles noch genauer bedenken wollen, sondern man muss auch einmal entscheiden, dass man nun genug vorgedacht hat und das Gedachte in die Tat umgesetzt werden soll.

Ausführen
Hier handelt es sich um den eigentlichen Arbeitsvollzug. Das Vor-Gedachte wird jetzt umgesetzt, wobei es sich erweist, ob man richtig gedacht hat. Werkzeuge müssen sachgemäß geführt, Werkstoffe verändert, bearbeitet oder zusammengefügt werden.

Prüfen
So schwungvoll ein Arbeitsvollzug auch sein mag – er muss immer wieder unterbrochen werden, um zu prüfen, ob alles auch noch nach Plan und im Rahmen der vorgegebenen Maße verläuft. Das weitere tätige Vorgehen muss sich nach den Ergebnissen dieser jeweiligen Soll-Ist-Vergleiche richten.

Korrigieren
Aus dem bei der Prüfung Wahrgenommenen müssen Bewertungen und Beurteilungen gewonnen werden, ob das vorherige Vorgehen fortgesetzt oder korrigiert wird.

Abschließen
Ähnlich wie beim Entschluss, mit einer Arbeit anzufangen, ist auch für das Abschließen und die Beendigung einer Arbeit ein Übergang zu vollziehen aus der Tätigkeit zum Nachdenken und Betrachten. Dazu muss man sich persönlich und innerlich von der Arbeit loslösen, sie für abgeschlossen erklären.

Auswerten
Ist die Arbeit abgeschlossen, kommt die Zeit der Rückschau, des Lernens, der inneren Verarbeitung der Arbeitserfahrungen, des Bilanzziehens. Innerlich gleichmütig ist das Vergangene zu betrachten, zunächst ohne Wertung, um die Sache selbst fassen zu können, die ja nicht mehr zu verändern ist.

Quelle: Gesellschaft für Ausbildungsforschung und Berufsentwicklung – GAB München

Selbstlernaufgabe

MEINE LEBENSGESCHICHTE ALS LERNGESCHICHTE

Ihre Lebensgeschichte ist auch Ihre Lerngeschichte.

Erinnern Sie sich zurück an die Zeit, als Sie noch jünger waren, und machen Sie sich klar: Neben der Schule gibt es viele andere „Lernfelder", die man normalerweise nicht gleich mit dem Thema „Lernen" in Verbindung bringt – obwohl man dort auch eine Menge lernt.

Beispiel: Wenn Sie als Kind oder Jugendlicher gern Fußball gespielt haben, haben Sie dabei viel gelernt: auf der körperlichen Ebene natürlich Körperbeherrschung, Umgang mit dem Ball, darüber hinaus aber auch: Umgang mit Regeln, Fairness (! ?), mit anderen auszukommen, sich auf die anderen einzustellen, in einem Team zu „arbeiten", die Mannschaftsleistung über die eigene Leistung zu stellen usw.

Schauen Sie sich Ihre Lebensgeschichte an und notieren Sie die Situationen, in denen Sie etwas gelernt haben – ob das nun „offiziell" lernen hieß oder ob das Lernen nebenbei „passiert" ist. Denken Sie dabei an Hobbys, Spiele, Aufgaben, die Sie von Ihren Eltern bekommen haben, evtl. an schwierige Situationen (z.B. das erste Mal allein zu Hause) usw.

Alter	Situation	Dabei habe ich gelernt

Die Anregung zu diesem Instrument verdankt sich dem Projekt „Familienkompetenzen" der Kath. Arbeitnehmer-Bewegung, München.

11.2 Die eigenen Kompetenzen für sich selbst und andere sichtbar machen

Die eigenen Kompetenzen wirklich zu erkennen ist ein längerer Prozess. Dazu gehört, wie in den vorigen Beispielen, in der Vergangenheit bewältigte Situationen so auszuwerten, dass die dabei eingesetzten Fähigkeiten bewusst aus diesen Situationen „abgelesen" werden. Dies ist ein sinnvoller Weg, da man ja gerade durch die Bewältigung bewiesen hat, dass man über die erforderlichen Kompetenzen verfügt – oder sie in diesen Situationen neu gebildet hat.

11.2.1 Projekte als Weg zur Kompetenzentwicklung und -erfassung

Dieser Blick in die Vergangenheit muss jedoch ergänzt werden um Gelegenheiten, bei denen man neue Herausforderungen besteht und sich dabei beobachtet, um so den neu entstehenden Fähigkeiten auf die Spur zu kommen. Als Mittel dafür hat sich die Arbeit an Projekten als geeignet erwiesen. Dabei handelt es sich nicht um die bisher in der Ausbildung übliche Art von Projekten, bei denen ein bestimmtes, bereits definiertes Thema zu bearbeiten bzw. Ergebnis zu erreichen ist. Das Ziel solcher Projekte besteht meist darin, fachliche Inhalte zu vertiefen und Schlüsselqualifikationen zu fördern. Die hier gemeinte Art von Projekten jedoch dient explizit dem Ziel, das eigene Kompetenzprofil zu erkennen und weiterzuentwickeln.

Die Auszubildenden werden mit dieser Zielsetzung und der Vorgehensweise vertraut gemacht (vgl.Kap. 9.5), d.h. also, sie bekommen kein Thema vorgegeben, sondern müssen sich selbst eine Projektaufgabe stellen, die für sie völlig neu ist. Sie müssen in Gruppen arbeiten, bekommen eine bestimmte Zeit zur Bearbeitung und müssen das Projekt zu einem festgelegten Zeitpunkt beendet haben. Gegebenenfalls wird ihnen angekündigt, dass sie ihre Planungen vor Ausbilder/innen und der Geschäftsleitung präsentieren und deren Einverständnis zur Durchführung erreichen müssen.

Die Auszubildenden können einen Teil ihrer Arbeitszeit für die Projektarbeit nutzen. Es wird jedoch erwartet, dass sie auch einen Teil ihrer Freizeit dafür einbringen.

Während des Prozesses sollen die Auszubildenden besonders darauf achten, wie sie denn vorgehen, wenn etwas ganz neu ist und sie noch nicht wissen, wie es gemacht werden kann. Um ihre Kompetenzentwicklung zu beobachten, erhalten sie einen einfachen Arbeitsbogen, den sie kontinuierlich führen müssen.

Die Durchführung solcher Projekte kann folgendermaßen gestaltet werden:

1. Ideenfindung: Mit Hilfe eines Brainstorming werden Ideen für Projekte gesammelt. In einem zweiten Durchgang wird überprüft, ob sie den Kriterien wirklich entsprechen. Dann entscheiden sich die Auszubildenden für die einzelnen Projekte.

   Im Modellversuch „Lernkompetenz und Selfmarketing" beschloss eine Gruppe aus Meister/innen und Auszubildenden im Handwerk, die keinerlei PC-Vorkenntnisse hatten, eine Homepage über den Modellversuch zu erstellen.[38] Eine Gruppe Auszubildender im ersten Ausbildungsjahr entschied sich, die Einführung der neuen Auszubildenden zu gestalten. Sie nahmen die Neuen formell in Empfang, führten sie durch den Betrieb und erläuterten Arbeitsplätze und Abläufe, werteten die Eindrücke gemeinsam mit den Neuen aus, übergaben ihnen ein selbst erstelltes Hand-out mit wichtigen Informationen für neue Auszubildende und luden sie anschließend zu einem selbst organisierten Begrüßungsfest ein.

2. Vorstellung der Hilfsmittel: Es ist günstig, den projektunerfahrenen Auszubildenden ein einfaches Projektmanagement-Instrument zur Verfügung zu stellen, mit dessen Hilfe sie ihre Planungen strukturieren können (ein Beispiel findet sich im Anschluss).
3. Erste Planungssitzung: Die Auszubildenden bekommen gleich im Anschluss an die Ideenfindungsphase Zeit für ihre erste Projektsitzung (ca. 1 Stunde). Bei dieser Gelegenheit müssen sie ihre Arbeitsteilung vereinbaren, erste Arbeitspakete zusammenstellen sowie weitere Treffen eigenständig verabreden.
4. Vereinbarungen unter den Ausbilder/innen bzw. mit der Geschäftsleitung über Termin und Rahmen für die Präsentation der Planungen.
5. Durchführen der Präsentationen, formeller Auftrag zur Umsetzung der Projekte.
6. Präsentation der Projektergebnisse.
7. Nachbereitung:

   a) Selbsteinschätzung der Auszubildenden bezüglich des Projektergebnisses sowie des Arbeitsprozesses. Feedback durch Ausbilder/innen, Geschäftsleitung, ggf. Adressaten des Projekts.

   b) Sichten der Erträge der Kompetenzentwicklungsbeobachtung, Bündeln zum Portfolio.

---

38 www.hwk.de/flexibel

Arbeitsblatt zur Strukturierung von Projekten

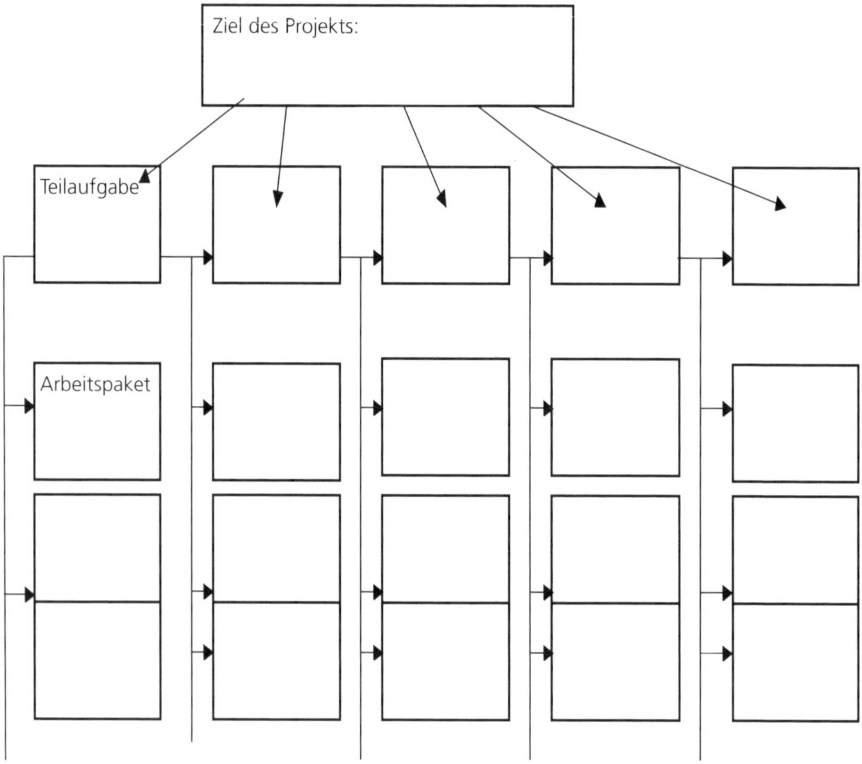

Erfahrungsgemäß führen die Auszubildenden solche Projekte sehr gern durch. Sie brauchen dafür im Allgemeinen nur wenig unterstützende Begleitung durch Ausbilder/innen. Dennoch sollten diese den Prozess durchaus kritisch beobachten und immer wieder nachfragen, ob und wie die Arbeiten vorangehen, wie es mit der Arbeitsteilung klappt, ob alle Gruppenmitglieder gleichermaßen aktiv sind, ob Konflikte allein geklärt werden können oder Hilfestellung gewünscht ist usw. Falls dies erforderlich scheint, können Ausbilder/innen sich den Arbeitsstand kurz präsentieren lassen. Günstig ist es, einen erwachsenen Ansprechpartner im Betrieb zu benennen, der das Vertrauen der Auszubildenden genießt. Dieser sollte sie auch immer wieder daran erinnern, dass die Beobachtung der Kompetenzentwicklung integraler Bestandteil des Projekts ist.

Dafür eignet sich ein solches Instrument:

Arbeitsblatt

ARBEITSBLATT ZUR ERMITTLUNG MEINES KOMPETENZZUWACHSES

(Weitere Blätter bitte kopieren)

Kurze Beschreibung der Aktivität	**Geforderte Fähigkeiten ...**
1.	... in der Team-Zusammenarbeit:
	... in persönlicher Hinsicht:
2.	... in der Team-Zusammenarbeit:
	... in persönlicher Hinsicht:

Bei diesen Schritten ist mir bewusst geworden, dass mir

....

leicht gefallen ist.

Zu meinem Kompetenzprofil kann ich also hinzufügen:

....

Bei diesen Schritten ist mir schwer gefallen:

....

Ich nehme mir vor,..
weiterhin zu üben.

Die Erfahrungen mit diesem Vorgehen zeigen, dass die Auszubildenden durchaus kritisch auf ihre Projekterlebnisse blicken. So berichteten Auszubildende, schwer gefallen sei ihnen

„.. nicht ungeduldig zu werden"

„... nicht lieber alleine arbeiten zu wollen"

„... nicht alles auf einmal zu wollen".

An eigenen Kompetenzen bemerkten sie beispielsweise

„Gute Auffassungsgabe"

„Abstraktes Denkvermögen"

„Wahrnehmung und Reaktion auf Gruppenatmosphäre".

Sie nahmen sich vor:

„Besseres Zeitmanagement zu lernen"

„Meine Ideen zurückzustellen. Wichtig ist das gemeinsame Projekt."

Eine besonders nachdrückliche Erfahrung machten im Modellversuch „Lernkompetenz und Selfmarketing" die Projektteams, in denen Meister/innen und Auszubildende zusammenarbeiteten. Hier zeigten sich erhebliche soziale Effekte: Für die Auszubildenden war es eindrucksvoll, Meister/innen zu erleben, die ebenso „Neulinge" waren wie sie selbst.

Für die Erwachsenen hingegen war es eine wichtige Erfahrung, Auszubildende als gleichberechtigte Teampartner mit Stärken zu erleben, die in der Ausbildung mitunter nicht sichtbar geworden waren. Von dieser Gruppe wurde die Arbeit in den selbst organisierten Projekten als Höhepunkt der gesamten Modellversuchszeit bezeichnet – und dies, obwohl alle Beteiligten in erheblichen Maß Freizeit (und Geld) opferten.

11.2.2 Das eigene Portfolio erstellen

Um die nun entdeckten Stärken auch wirksam werden zu lassen, sollten Wege gefunden werden, sie zu dokumentieren.

Eine geeignete Möglichkeit dafür ist die Erstellung eines „Portfolios". Der Begriff leitet sich von „Portefeuille" (Brieftasche) ab und ist inzwischen in den gängigen

Verfahren der Kompetenzerfassung etabliert. Ein Portfolio ist die schriftliche Unterlage, in der eine Person ihre fachlichen und persönlichen Kompetenzen zusammenfasst, einschließlich aller Nachweise und Bescheinigungen (z.B. Zeugnisse, Praktikumsbescheinigungen), über die sie verfügt.

Es wird nicht veröffentlicht, sondern dient der Selbstvergewisserung. Um seine Inhalte nach außen zu präsentieren, wird aus dem Portfolio ein „Dossier" erstellt, in dem man passgenau zum Präsentationsanlass diejenigen Bestandteile des Portfolios zusammenfasst, die für die Stelle relevant sind, für die man sich bewerben möchte.

Will man mit Auszubildenden ein solches Portfolio zusammenstellen, dann sollte man in drei Schritten vorgehen.

Schritt 1:
Die Auszubildenden werden aufgefordert, alle ihre Unterlagen, die etwas über ihre Fähigkeiten aussagen, in einem Ordner zu sammeln. Dazu gehören neben den Zertifikaten auch die schriftlichen Notizen, die sie sich während der Projektarbeit, bei der Beschäftigung mit ihrer „Lebensgeschichte als Lerngeschichte" usw. gemacht haben.

Diese Unterlagen werden daraufhin gesichtet, ob sie vollständig sind, ob beispielsweise für einen Kurs, ein Praktikum oder eine ehrenamtliche Tätigkeit noch Bestätigungen eingeholt werden müssen.

Schritt 2:
Für die informell erworbenen Kompetenzen wird überlegt, wie man diese belegen könnte. Dafür kommen entweder Beschreibungen der Situationen in Betracht, in denen man diese Kompetenzen bewiesen hat. Oder aber es gibt Fotos und ähnliche Dokumente von den Projekten, von ehrenamtlicher Tätigkeit und dergleichen.

Schritt 3:
Die Auszubildenden erhalten ein einfaches Formular, in dem sie nun ihre sämtlichen fachlichen und persönlichen Kompetenzen zusammenfassen. Sie sollen einschätzen, wie weitgehend sie die jeweilige Kompetenz beherrschen (von „ganz selbstständig in beliebigen Situationen" über „selbstständig in einer bestimmten Situation" bis zu „unter Anleitung"). Ebenso vermerken sie, wie sie die Kompetenzen belegen können.

Dieses Formular könnte so aussehen:

Persönliches Kompetenzprofil

MEINE FACHLICHEN KOMPETENZEN

Fachliche Kompetenz (Grad des Beherrschens angeben)	**Kann ich aufzeigen an folgenden Erfahrungen/ schriftlichen Belegen:**

Persönliches Kompetenzprofil

MEINE PERSÖNLICHEN KOMPETENZEN

Persönliche Kompetenz (Grad des Beherrschens angeben)	**Kann ich aufzeigen an folgenden Erfahrungen/ schriftlichen Belegen:**

12. Wege zur Förderung des (berufs-)biografischen Blicks

„Berufsbiografische Gestaltungsfähigkeit" stellt heute eine Basiskompetenz dar, um mit den modernen Arbeits- und Lebensanforderungen zurechtzukommen. Sowohl die Berufsbiografie wie die gesamte persönliche Biografie müssen eigenständig so „komponiert" und weiterentwickelt werden, dass es gelingt, das eigene Leben trotz äußerer Umbrüche als Kontinuität und sinnhaftes Ganzes zu erleben.

Dafür ist hilfreich, das eigene Berufs- wie Privatleben immer selbstverständlicher mit einer „biografischen Brille" zu betrachten. In der Ausbildung kann und muss die Grundlage für eine solche biografieorientierte Sicht gelegt werden.

Dies betrifft keineswegs nur Auszubildende – auch für Ausbilder/innen ist es sinnvoll, sich näher mit einer biografischen Betrachtungsweise auseinander zu setzen. Dies ermöglicht ihnen nicht nur, die eigene berufsbiografische Situation näher kennen zu lernen, sie können dadurch auch die Auszubildenden besser in ihrer Entwicklung begleiten.

Der „biografische Blick" meint weit mehr, als „sich mit seiner Biografie zu beschäftigen", etwa in dem Sinn, dass man sich gegenseitig sein Leben erzählt. Er hilft vielmehr, sich darüber klar zu werden, dass mit unterschiedlichen Altersstufen unterschiedliche Anforderungen, Einstellungen, Prioritäten usw. verbunden sind, die das eigene Denken, Fühlen und Handeln beeinflussen. Wichtig ist, dass der biografische Blick die Lebensspanne als Ganze berücksichtigt, das heißt, er reflektiert nicht nur die Vergangenheit, sondern thematisiert auch die Gegenwart und die Zukunft. Dies ist besonders wichtig, da die eigene Zukunft ja selbst gestaltet werden soll. Dies gelingt jedoch nicht, indem man einfach die Vergangenheit linear verlängert. Es geht vielmehr darum, zu qualitativ neuen Lösungen zu kommen, wenn man beispielsweise vor der Frage beruflicher Neuorientierung steht.

In die Ausbildung können für die Entwicklung des biografischen Blicks folgende Elemente integriert werden:

- Grundkenntnisse biografischer Phasen
- Ausbildung als „Einstieg in die Berufsbiografie"
- Auswertung beruflicher Erfahrungen in ihrem Beitrag zur eigenen Berufsbiografie
- Die Bewältigung von Krisen.

Methodisch bedingt die Thematik, dass zunächst mit dem Erarbeiten von Erkenntnissen begonnen wird. Dieses Erarbeiten sollte jedoch nach Möglichkeit von Erlebniselementen begleitet werden, um den persönlichen Bezug dazu zu unterstützen.

Auch differenziertere Inhalte – wie etwa die Phasen der Biografie – können im gemeinsamen Gespräch erarbeitet werden. Für die Arbeit mit jugendlichen Auszubildenden sind altersspezifische Besonderheiten zu beachten (s.u.). So schnell als möglich sollten Vertiefungselemente eingeführt werden, um zu einem vollständigen Lernprozess und dem tätigen Umgang mit den Erkenntnissen zu führen. In der Berufsschule kann das Thema beispielsweise im Sozialkunde-, Ethik- oder Religionsunterricht behandelt werden.

12.1 Grundkenntnisse biografischer Phasen erwerben

Da biografische Themen sehr persönlicher Natur sind, muss die Vorgehensweise bei der Vermittlung biografischer Phasen und Gesetzmäßigkeiten mit Auszubildenden sorgfältig gewählt werden. Diese haben altersgemäß eine große Scheu, eigene biografische Erfahrungen öffentlich zu berichten. Sie sollten daher Gelegenheit bekommen, mit den Inhalten vertraut zu werden, ohne ihre Intimsphäre zu verletzen. Auch ist es sinnvoll, mit ihnen eher bildhaft (vgl. „Lebensfluss") zu arbeiten und vorwiegend überblicksartige Darstellungen zu geben, ohne zu sehr ins Detail zu gehen. Dabei ist vorrangiges Ziel, dass die Auszubildenden überhaupt für unterschiedliche Lebensalter sensibilisiert werden. Meist können sie zwar anhand eigener Erfahrungen zwischen Kindheit, Jugend und Erwachsenenalter differenzieren, sehen das Erwachsenenalter jedoch allenfalls nach „Spanne der Berufstätigkeit" und „Spanne des Rentenalters" unterschieden. Hier kommt es darauf an, dass sie einen geschärften Blick dafür bekommen, dass sich auch im Erwachsenenalter durchaus verschiedene Phasen erkennen lassen. Günstig ist, wenn die biografischen Darstellungen sehr bildhaft charakterisiert werden – hier kann man an traditionelle Bilder anknüpfen wie etwa „Lehrjahre", „Wanderjahre", „Sturm und Drang", ebenso an gängige Begriffe wie „Familienphase", „Midlife-Crisis" oder „Wechseljahre".

Es ist jeweils von der konkreten Gruppe abhängig, ob „allgemeine" biografische Betrachtungen getrennt oder zusammen mit berufsbiografischen Aspekten vorgenommen werden. In jedem Fall ist ratsam, das Thema in den größeren Lernzusammenhang des Bemühens, „den eigenen Berufsweg zu finden und zu gestalten", einzubetten und sehr genau darauf zu achten, dass die biografischen Phasen in ihren Phänomenen charakterisiert und nicht „psychologisiert" werden.

Ein empfehlenswertes Instrument, um ins Gespräch zu kommen, ist das Übersichtsblatt „Entwicklungsphasen des Menschen" sowie ggf. die historischen Modelle/Aussagen, die sich im Kapitel 5 finden. Ebenso kann jede/r Auszubildende eine „Lebenslinie" zeichnen und darin Stichworte zu bedeutsamen biografischen Ereignissen eintragen. Wenn mehr Zeit zur Verfügung steht, können diese differenziert werden nach „Äußere Ereignisse", „Meine Gefühle dazu" und ggf. „Wie ich gehandelt habe" sowie „Was ich daraus gelernt/abgeleitet habe". Aus dem Gesagten ergibt sich, dass die Einheit „Biografische Phasen kennen lernen" am besten in geschützten (seminaristischen) Lernveranstaltungen vermittelt werden kann.

Das folgende Vorgehen hat sich in der Arbeit mit Auszubildenden bewährt. (Methode: beginnend mit Erkenntnissen, die eng an persönliche Erfahrungen geknüpft werden; in der Anwendungs- und Übungsphase Erlebnis-Methodik).

> *Einführung des Themas*
> *Bereits in der Einladung zum Seminar werden die Jugendlichen gebeten, einen Gegenstand mitzubringen, der für sie persönlich von Bedeutung ist. Diesen Gegenstand stellen sie den anderen vor.*

Beispiele, die Auszubildende nannten:

> „Dieser Ball begleitet mich, seit ich laufen kann."
>
> „Ich schreibe seit dem 2. Schuljahr in dieses Tagebuch."
>
> „Diese Mütze steht für ein Ritual in meinem Freundeskreis: Immer wenn wir zusammen weg sind, tauschen wir mit Leuten, die wir am Ort kennen gelernt haben, einen Gegenstand. Diesmal war es diese Mütze."
>
> *Anschließend werden die Entwicklungsphasen des menschlichen Lebenslaufs als „Flussgeschichten" dargestellt: Ein großes blaues Tuch auf dem Boden symbolisiert den Fluss, Steine darin Stationen des Lebens. Die anleitende Person schreitet die Stationen ab und charakterisiert diese dabei so, dass die Jugendlichen sich an ihre eigenen Erfahrungen erinnern und die Darstellung ergänzen.*
>
> *Sie sollen dann anhand vorbereiteter Blätter (gemalter Flusslauf) ihre eigene Flussgeschichte erzählen. Hinführende Vorgaben können sein:*
>
> „Suchen Sie sich 4 wichtige Stationen in Ihrem Leben aus. Stellen Sie sie in einer Form Ihrer Wahl dar: als Geschichte „Das war die Zeit, als ...", ziehen Sie Märchen, Gedichte, Lieder oder Filme heran, die Ihre damaligen Empfindungen ausdrücken."

Die Ergebnisse sollten nicht öffentlich vorgestellt werden, sondern bei den Auszubildenden verbleiben, um ihre Intimsphäre zu wahren. Die Jugendlichen gehen auf diese Übung sehr konzentriert ein. Sie brauchen aber unbedingte Diskretion und die Freiheit, nur das zu berichten, was sie wirklich anderen mitteilen wollen:

> „Der Lebensfluss hat mich berührt, er war hinreißend, auch wenn ich es nicht besprechen wollte."
>
> „Ich hatte mir vorher keine Gedanken über die Phasen der Entwicklung gemacht."

Für alle weiteren Erkenntnisse kann man einen Spaziergang zu zweit anbieten, außerdem steht ihnen das Lerntagebuch zur Verfügung. Die Altersgruppe der Auszubildenden kann sehr wohl nachvollziehen, dass ihr bisheriges Leben sich in unterscheidbaren Phasen vollzieht. Hilfreich ist dabei, dass diese Phasen mit deutlichen Ereignissen zusammenfallen: Zahnwechsel, Schuleintritt, körperliche und seelische Veränderungen in der Pubertät, Arbeitsbeginn. Eine Schwierigkeit besteht für diese Altersgruppe jedoch darin, solche Phasen auch für das Erwachsenenalter zwischen 30 und 50 Jahren aus eigener Anschauung ihrer Umgebung zu verdeutlichen. Da hier äußere Ereignisse weniger sichtbar werden, scheint ihnen dieser Lebensabschnitt eher ungegliedert.

Hier ist es nicht sinnvoll, zu differenziert bei den einzelnen Phasen zu verharren. Sehr wohl können jedoch die anwesenden Erwachsenen nachfragen, ob die Jugendlichen an einer Schilderung ihrer persönlichen Erfahrungen interessiert sind – und diese so authentisch und unspektakulär wie möglich geben. Ebenso können die Jugendlichen aufgefordert werden, Erwachsene unterschiedlichen Alters in ihrer Umgebung genauer wahrzunehmen mit der Frage: Was kennzeichnet das Alter dieser Person? Da sich auch Ausbilder/innen und Lehrkräfte mit dem Thema Biografie auseinander setzen sollten, schildern wir eine dafür geeignete Vorgehensweise. Das Schwergewicht liegt dabei auf der Frage: Welche Konsequenzen ergeben sich daraus für die Ausbildungspraxis? Es ist sicherlich nötig, dass für dieses Vorgehen externe, entsprechend geschulte Dozent/(inn)en herangezogen werden.

Einstiegsübung „Durch das Leben gehen"
Dies wird wörtlich genommen – die Teilnehmer/innen stellen, durch den Raum gehend, pantomimisch dar, wie man sich in den verschiedenen Lebensaltern charakteristischerweise bewegt (das kleine Kind noch unsicher tapsend, das größere Kind lebhaft, spielerisch, der pubertierende Jugendliche schlaksig, alte Menschen gebückt usw.).

Eine erste Übersicht verdeutlicht einzelne Phasen des Lebens. Gemeinsam werden diese Phasen dann näher beschrieben, typische Entwicklungen und Herausforderungen erarbeitet.

Künstlerische Übung
Die innere Auseinandersetzung wird mit einer künstlerischen Übung vertieft: Alle Teilnehmer/innen suchen sich eine bestimmte Lebensphase aus und malen deren Grundstimmung in Aquarelltechnik. Noch ohne zu wissen, um welche Phase es sich handelte, werden die Bilder gemeinsam beschrieben (nur Wahrnehmungen, keine Interpretationen) und daraus Vermutungen angestellt, was dargestellt worden sein könnte. Die Maler/innen stellen anschließend ihre Bilder selbst vor und erzählen, weshalb sie sich gerade für dieses Motiv und diese Darstellungsweise entschieden hatten.

Wie bei allen in diesem Buch vorgestellten Lernthemen ist es wichtig, dass einmal gewonnene Erkenntnisse in der realen Arbeits- und Lebenssituation aufgegriffen und eingesetzt werden. Für die Auszubildenden hat es sich bewährt, Selbstlernaufgaben anzuschließen. Diese können variieren von der weiteren persönlichen Auseinandersetzung mit unterschiedlichen Facetten des Themas bis zu Aufgabenstellungen, bei denen sie mit ihren Ausbilder/innen ein Gespräch über die Erfahrungen in deren Ausbildungszeit führen.

Selbstlernaufgabe

WAS HINTERLÄSST EINEN EINDRUCK AUF MICH?

Wenn man sein eigenes Leben bewusster wahrnehmen und gestalten möchte, ist es sinnvoll, genauer darauf zu achten, was einem an jedem Tag widerfährt, was einen – positiv oder negativ – beeindruckt, kurz: was Spuren im eigenen Leben hinterlässt. Das ist gar nicht so einfach, weil jeden Tag Tausende von Reizen, Informationen und Dingen auf uns einwirken.

Versuchen Sie in der nächsten Zeit an jedem Abend zu überlegen:

Was hat mich heute wirklich berührt?

Lassen Sie sich davon überraschen, wie viele Einzelheiten Sie auf diese Weise wieder in Ihr Gedächtnis zurückholen können.

Montag:

Dienstag:

Mittwoch:

Donnerstag:

Freitag:

Samstag:

Sonntag:

Auf diese Aufgabe antworteten Auszubildende beispielsweise:

> „Wenn ich ehrlich bin, habe ich momentan abends keinen Nerv, überhaupt noch an irgendetwas zu denken, weil ich hundemüde bin. Aber was mich trotzdem berührt hat, ist, dass man in Lehrgängen merkt, was meine Klasse für einen Zusammenhalt hat. Und wie man sich immer besser versteht und zusammenarbeiten kann. Diese Übung hat mir in dem Sinn etwas gebracht, dass ich Sachen mit Freunden wahrgenommen habe, die man sonst nicht so sieht."

> „Ich habe gemerkt, dass mich viel mehr berührt, als ich dachte."

> „Erstaunlich fand ich, dass es nicht immer der stärkste Reiz war, den ich unbedingt im Gedächtnis hatte. Ich denke, ich habe daraus erkannt, dass es oft auch kleine Dinge sind, die eine große Bedeutung haben. Außerdem war es interessant, sich selbst zu prüfen, was man den ganzen Tag so gemacht hat."

> „Innerlich hat mich diese Woche beschäftigt, wie wohl der Lehrgang, der nächste Woche beginnt, wird. Was wird mir dieser bringen, werden meine Erwartungen, die ich an den Lehrgang und an mich setze, erfüllt. (...) Was mir diese Übung gebracht hat, weiß ich so genau nicht, aber ich denke, durch die Übung habe ich mir jeden Abend den ganzen Tag noch einmal betrachtet. Deshalb denke ich, dass ich dadurch die Tage irgendwie intensiver erlebt habe."

Die folgenden Aufgaben wurden Auszubildenden einer größeren Firma mit hauptamtlichen Ausbilder/innen und ausbildenden Fachkräften gestellt. Sie stellten eine große Herausforderung für die Jugendlichen dar, weil sie aufgefordert waren, mit ihren Ausbilder/innen ein persönliches Gespräch zu führen. Die Erfahrungen waren in einigen Fällen eher positiv, zum größeren Teil jedoch ernüchternd für die jungen Leute: Die Ausbilder/innen gingen nur wenig auf die Frage ein – allenfalls erzählten sie, wie schlimm es ihnen in ihrer eigenen Ausbildung ergangen sei, das habe ihnen aber nicht geschadet, heutige Auszubildende hätten es ja so viel besser ...

Diese Erfahrungen verweisen darauf, dass die Förderung berufsbiografischer Gestaltungskompetenz nur dann gelingt, wenn auch die Ausbilder/innen bereit sind, sich mit berufsbiografischen Fragen auseinander zu setzen und sich den Auszubildenden als echte Gesprächpartner zur Verfügung zu stellen.

Selbstlernaufgabe

WIE HÄNGT DAS VERHALTEN EINES MENSCHEN MIT SEINEM ALTER ZUSAMMEN?

Sicher haben Sie schon bemerkt, dass Kinder und Jugendliche verschieden sind. Wie mag das bei Erwachsenen sein, wenn sie 30 oder 40 oder gar 60 Jahre alt sind? Denken Sie doch einmal darüber nach.

Welche Eindrücke und Erfahrungen konnten Sie dazu bisher sammeln?

....

....

....

....

Hat vielleicht das Verhalten in unterschiedlichen Altersphasen einen Einfluss darauf, ***wie*** *jemand seinen Beruf ausübt? Versuchen Sie doch einmal, bewusst darauf zu achten.*

Ihre Beobachtungen:

....

....

....

....

Wie könnte sich Ihre Einstellung zum Beruf und Ihr eigenes Verhalten im Beruf mit dem Älterwerden verändern?

Was könnten Gründe dafür sein?

....

....

....

....

Selbstlernaufgabe

WELCHE ERINNERUNGEN HABEN IHRE AUSBILDER/INNEN AN IHRE ERSTEN WOCHEN IN DER AUSBILDUNG?

Erinnern Sie sich noch an Ihre ersten Wochen in der Ausbildung? Auch Ihr Ausbilder oder Ihre Ausbilderin haben einmal genauso begonnen.

Bitte suchen Sie diese Woche eine Gelegenheit, in der Sie mit Ihrer Ausbilderin oder Ihrem Ausbilder über deren erste Wochen in der Ausbildung sprechen.

Fragen können zum Beispiel sein:

- *Haben Sie noch Erinnerungen, wie die ersten Wochen im Betrieb für Sie waren?*
- *Wie ging es Ihnen in dieser Zeit?*
- *Welche Erwartungen hatten Sie an Ihre Ausbildungsstelle?*
- *Was waren Ihre ersten Eindrücke?*
- *Was hätten Sie sich gewünscht zur Unterstützung?*

Tauschen Sie sich mit Ihren Ausbilder/innen über Ihre Erinnerungen aus.

....

....

....

....

....

....

....

....

....

....

....

Selbstlernaufgabe

ERFAHRUNGSVERGLEICH

Vergangene Woche haben Sie sich mit Ihrer Ausbilderin oder Ihrem Ausbilder über deren erste Erfahrungen in der Ausbildung unterhalten.

Wenn Sie jetzt diese beiden Erfahrungen „nebeneinander legen", was fällt Ihnen auf?

....

....

....

Waren Ihre Erfahrungen ähnlich wie die Ihres Ausbilders oder Ihrer Ausbilderin?

....

....

....

Was war anders (z.B. sein/ihr Alter, das Verhältnis zum Meister, soziale Stellung im Betrieb, Aufgaben, die übertragen wurden, oder, oder ...)?

....

....

....

Was glauben Sie, ist seit dem Ausbildungsbeginn Ihres Ausbilders oder Ihrer Ausbilderin und heute anders geworden?

....

....

....

12.2 Ausbildung als Einstieg in die Berufsbiografie begreifen

Nachdem die Auszubildenden in den „biografischen Blick" eingeführt wurden, ist der Transfer auf die eigene berufliche Situation erforderlich. Es soll den jungen Leuten klar werden, dass Ausbildung der erste Schritt ihrer Berufsbiografie ist, damit jedoch keineswegs ihre gesamte berufliche Biografie vorbestimmt wird. Auszubildende erleben selbst, dass ihre Vorstellungen von einem Beruf und dessen Wirklichkeit oft auseinander klaffen. Ebenso erweist sich erst in der konkreten Erfahrung in diesem Beruf – und in der Ausbildungsfirma –, ob die eigenen Erwartungen erfüllt werden, ob man tatsächlich seine Fähigkeiten gut entwickeln kann.

Bekanntlich ist gerade das erste Ausbildungsjahr eine Phase der Orientierung. Diese gelingt umso besser, je mehr die Auszubildenden lernen, ihre beruflichen Erfahrungen von Anfang an auszuwerten und sich immer wieder zu fragen, ob die eigene Wahl die passende ist. Es ist sowohl Auszubildenden wie Betrieben nicht damit gedient, wenn Jugendliche in einem ungeliebten bzw. ungeeigneten Beruf bleiben. Zugleich müssen Auszubildende erkennen, dass sie selbst einen großen Beitrag zum Gelingen der Ausbildung leisten sollten. Auch das gehört zur Entwicklung berufsbiografischer Gestaltungskompetenz.

Ein geeignetes Mittel, die Reflexionsfähigkeit über solche Fragen zu fördern, sind Selbstlernaufgaben. Nachfolgend ein Beispiel.

Selbstlernaufgabe

WIE GEFÄLLT MIR MEIN BERUF?

Sie haben bereits Erfahrungen mit dem Beruf gesammelt, den Sie erlernen, und ebenso haben Sie viele Erfahrungen mit Ihrem Arbeitsplatz.

Wie geht es Ihnen damit? Denken Sie doch einmal darüber nach!

Besonders gut gefällt mir an meinem ***Beruf:***

....

....

Weniger gut gefällt mir an diesem ***Beruf:***

....

....

Besonders stolz bin ich darauf, dass ich in meinem ***Beruf*** ...

....

....

Wenn ich daran denke, was ich nach der Ausbildung machen will, dann habe ich in Bezug auf diesen ***Beruf*** folgende Gedanken und Gefühle:

....

....

An meiner ***Arbeitsstelle*** schätze ich besonders:

....

....

Weniger zufrieden bin ich mit:

....

....

12.3 Berufliche Erfahrungen in ihrem Beitrag zur eigenen Berufsbiografie auswerten

Der Prozess der Erfahrungsauswertung unter berufsbiografischem Blickwinkel muss sich über die Ausbildungsjahre vertiefen. War zunächst im ersten Ausbildungsjahr „alles" noch neu, so differenzieren sich die Erfahrungen im zweiten Ausbildungsjahr aus. Jugendliche haben bereits viele Arbeitssituationen bestanden, Herausforderungen bewältigt und häufig einen gewissen Stolz auf ihre sich vertiefenden Fähigkeiten entwickelt. Sie brauchen nun Gelegenheiten, sich damit zu beschäftigen, wie ihnen ihr Beruf gefällt, wie er zu ihnen passt und ob er für sie eine langfristige Perspektive darstellen kann. Ebenso müssen sie lernen, zwischen dem erlernten Beruf als solchem und dessen Ausprägung an ihrer Ausbildungsstelle zu unterscheiden, um so urteilsfähiger im Hinblick auf ihre weiteren beruflichen Pläne zu werden.

Mit derartigen Reflexionen der eigenen beruflichen Erfahrungen wird das Fundament dafür verbreitert, sich im dritten Ausbildungsjahr noch dezidierter mit der Weiterführung des eigenen beruflichen Wegs zu befassen.

Selbstlernaufgabe

MEINE AUSBILDUNGSSTELLE UND ICH

Überlegen Sie, wie Sie zu Ihrer Ausbildungsstelle gekommen sind und wie Sie heute dazu stehen.

Fragen Sie sich:

- Was hat mich ***damals*** am Beruf des/der .... gereizt?

....

Wie sehe ich das ***heute?***

....

- Was fand ich ***damals*** an meiner heutigen Firma attraktiv?

....

Wie sehe ich das ***heute?***

....

- Gab es andere wichtige Aspekte, die für diese Ausbildungsstelle gesprochen haben? Welche?

....

Wie sehe ich das ***heute?***

....

- Kann ich mir vorstellen, in diesem Beruf langfristig zu arbeiten? Warum/Warum nicht?

....

- Habe ich Ideen/Wünsche etc. zu diesem Thema?

....

Eine solche Aufgabe wird von den Auszubildenden als großer Anreiz zum Nachdenken erlebt. Beispiele aus den vielfältigen Rückmeldungen einer Gruppe im Modellversuch „Lernkompetenz und Selfmarketing":

Warum habe ich diesen Beruf/diese Ausbildungsstelle gewählt?

> „Ich habe mich auf der sicheren Seite gefühlt, als ich in der gleichen Firma wie mein Vater anfing, obwohl er beruflich direkt nichts mit mir zu tun hat."

> „Ich bin durch verschiedene Praktika auf diesen Beruf gekommen – weil es mich interessiert und mir Spaß macht."

> „Durch Zufall."

> „Neuorientierung nach einem abgebrochenen Studium – hin zum Gestaltenden, aber auch Praktischen. Ein Kunststudium wollte ich nicht, da ich keine beruflichen Vorstellungen für danach hatte, es mir nicht konkret genug war und ich nicht ‚einfach was Neues' studieren wollte."

> „Der Job ist sehr abwechslungsreich, man übt die unterschiedlichsten Tätigkeiten aus. Wenn man sich alle Tätigkeiten angeeignet hat, kann man mit den Hilfsmitteln ‚fast alles' konstruieren und bauen, was man benötigt."

> „Spätere finanzielle Unabhängigkeit."

Will ich das mein ganzes Leben lang machen?

> „Ich will immer darauf zurückgreifen können, es aber nicht mein ganzes Leben lang ausüben. Gründe: Zu harte Arbeit, mit der man sich die Knochen kaputt macht, und ich brauche Abwechslung. Ich könnte keinen Job mein Leben lang machen."

> „Nicht Vollzeit. Ich kann mir nicht vorstellen, mich nicht weiterzuentwickeln. Es gibt so vieles, das mich interessiert und das ich auch besser kennen lernen möchte."

> „In der Art und Weise, wie ich den Beruf derzeit ausübe, wahrscheinlich nicht. Ich habe vor, jene Fähigkeiten als Grundlage für eine Weiterbildung zu nutzen und später eher eine mehr leitende Position als nur eine ausführende Stelle zu besetzen."

> „Nein, nicht in dieser Form. Auf Dauer ist mir dieser Job körperlich zu anstrengend. Außerdem denke ich, dass ich auf lange Sicht mit dieser Arbeit unterfordert bin."

> „Auf keinen Fall – weil die Bezahlung schlecht ist. Die Entscheidungsfähigkeit ist eingeschränkt, und man ist zu abhängig von seinen Chefs. Außerdem möchte ich immer ein Ziel vor Augen haben, das ich noch erreichen kann/will."

> „Eigentlich nicht, weil ich nicht mein Leben lang auf der Baustelle bleiben möchte und was aus meinem Leben machen will (Karriere)."

Diese Rückmeldungen zeigen deutlich, wie sehr sich die anfänglichen Vorstellungen durch die Erfahrungen in der täglichen Praxis verändern und wie wichtig es ist, dass die jungen Leute in der Lage sind, ihren weiteren Berufsweg selbst zu gestalten.

Die Fähigkeit zur Gestaltung muss jedoch umfassend gefördert werden. Dazu brauchen die Auszubildenden Gelegenheiten, bei denen sie aufgefordert werden, Dinge nicht einfach hinzunehmen (und darüber zu meckern), sondern sich aktiv Veränderungswege zu überlegen.

Die folgende Selbstlernaufgabe kann dazu dienen. Betriebe und Ausbilder/innen sollten sich nicht scheuen, solche Aufgaben zu stellen. Es ist nämlich erfahrungsgemäß keineswegs so, dass die Auszubildenden solche Gelegenheiten „ausnützen, um Dampf abzulassen". Vielmehr sehen sie im Betrieb bzw. in der Ausbildung durchaus viele Ansatzpunkte für positive Entwicklungen. Dieses „Innovationspotenzial" von jungen Leuten nutzen fortschrittliche Betriebe bereits erfolgreich.[39]

Genauso ernst sollten Betriebe und Ausbilder/innen jedoch die Rückmeldungen nehmen, in denen die Auszubildenden über schlechtes Betriebsklima oder Probleme mit Vorgesetzten klagen. Solche Mitteilungen offen zu besprechen (und unter Umständen mit anderen Eindrücken zu kontrastieren) ist allemal besser, als Konflikte unterschwellig weiterschwelen zu lassen.[40]

---

39 Vgl. M. Schütte, R. Schlausch,: Innovation und Wissensmanagement durch Ausbildung und Auszubildende. In: BWP, 33. Jg., 5/2004

40 Vgl. C. Munz, S. Briault, Miteinander gut auskommen. Handbuch zur Prävention und Lösung von Konflikten in der Berufsausbildung. Wien 2000

Selbstlernaufgabe

WAS WÜRDEN SIE TUN,
WENN SIE ETWAS IN IHRER FIRMA VERÄNDERN KÖNNTEN?

Sie machen täglich viele Erfahrungen in Ihrem Betrieb. Dabei fallen Ihnen sicherlich immer wieder Dinge auf, die Sie für veränderungs- oder verbesserungswürdig halten.

Worum handelt es sich dabei? Aus welchem Grund würden Sie daran gern etwas ändern?

....

....

....

....

....

....

....

....

....

....

....

....

....

....

....

....

Einige Beispiele aus Rückmeldungen von Auszubildenden:

> „Ich würde den Auszubildenden in den höheren Lehrjahren mehr Verantwortung übertragen."

> „Unseren jetzigen sehr offenen Kundenbereich würde ich von der Werkstatt besser abschirmen, um Kundengesprächen und unserer Arbeit auf der anderen Seite mehr Ruhe einzuräumen. Auch den Bürochef-Schreibtisch würde ich den Kundenblicken entziehen oder gerne einen Aufgeräumtheitszauber haben. Es wäre schön und ansprechend, im Kundenbereich mehr von unseren Arbeiten, Dienstleistungen zu präsentieren. Zum ‚Schöner Arbeiten' wäre es auch toll, die Küche zu einem angenehmen Aufenthaltsort für die Pausen zu gestalten. Nichtraucherzeit beim Essen!"

> „Noch einen weiteren Lehrling einstellen. Die Zusammenarbeit zwischen Büro und Baustelle verbessern. Einmal im Monat ‚Betriebssitzung' zum Austausch von Kritik und Verbesserungsvorschlägen. Neue Mitarbeiter auf Teamfähigkeit prüfen. Nicht immer die Fehler bei anderen suchen, sondern bei sich selbst anfangen."

> „Dass alle Personen, mit denen man täglich konfrontiert ist, etwas lockerer werden, vieles ist mir zu verbissen und verkrampft. Natürlich sind dies Auswirkungen des bestehenden Leistungsdrucks, aber ‚Wunder gibt es immer wieder'!"

> „Ich würde Dinge ändern, die mir und meinen Kollegen Nutzen bringen, z.B. Entlohnung/Bonus für besondere Tätigkeiten. Außerdem würde ich die Umgangsformen mancher Personen gegenüber Kollegen und Angestellten ändern. Mehr Zusammenkünfte der Kollegen nach Arbeitsschluss – schweißt mehr zusammen. Diesen Lehrling-Chef-Drill abschaffen, d.h. weniger Frust und böse Miene, aber mehr Spaß."

12.4 Krisen bewältigen und daraus lernen

Die Entwicklung des biografischen Blicks bleibt unvollständig, wenn man nur Kenntnisse über biografische Gesetzmäßigkeiten erwirbt. Genauso wichtig ist es, mit den unausweichlichen Krisen und Wendepunkten so umgehen zu lernen, dass daraus neues Lernen und damit neue Entwicklungen entstehen. Daher ist es nötig, den Umgang mit Krisen so zu thematisieren, dass klar wird: Krisen sind normale Begleiterscheinungen der menschlichen Entwicklung. Sie machen darauf aufmerksam, dass das Bisherige nicht mehr ausreichend tragfähig ist und dass ein neuer nächster Schritt ansteht. Diese Einsicht ist gerade für Auszubildende von besonderer Bedeutung, damit sie sich von krisenhaften Erscheinungen nicht entmutigen lassen, sondern die darin liegenden Chancen für sich erkennen und produktiv nutzen lernen.

Derartige Krisen können äußere wie innere Ursachen haben. Naheliegenderweise werden äußere Anlässe meist schneller spürbar und als Krisen-Auslöser erkennbar, sei es, dass sich schon während der Ausbildungszeit krisenhafte Veränderungen in der eigenen Firma ergeben oder aber, dass man nach der Ausbildung nicht übernommen wird usw.

Innere Ursachen für Krisen im Leben können dadurch entstehen, dass man beispielsweise eine zunächst nur dumpfe Unzufriedenheit mit der eigenen Arbeit empfindet, dass einem plötzlich alles sinnlos vorkommt, aber auch dadurch, dass man neue Tendenzen und Strebungen in sich spürt, die am bisherigen Arbeitsplatz oder in der bisherigen Lebenssituation nicht erfüllt werden können.

Es müssen jedoch nicht immer „große" Krisen sein, die innere Verunsicherung und Orientierungslosigkeit mit sich bringen. Oft genügen schon das Scheitern an einer Aufgabe, Unstimmigkeiten im Kollegenkreis und ähnliche „alltägliche" Vorkommnisse, dass Menschen das Gefühl einer persönlichen Krise bekommen. Dies trifft in besonderem Maß für Auszubildende zu, die sich ja in einer höchst dynamischen Entwicklungsphase befinden und ihr persönliches „Krisenmanagement" erst aufbauen lernen.

Die ganz entscheidende Botschaft muss hier sein: „Am Ende des Tunnels wird es wieder hell, und zwar umso sicherer, je mehr du die Situation als Lernanlass verstehst und lernend mit ihr umgehst."

Dabei ist hilfreich, in Grundzügen den charakteristischen Verlauf einer Krise kennen zu lernen, eigene Erfahrungen mit Hilfe dieses Modells auszuwerten, zu untersuchen, welche Faktoren einem selbst bei der Bewältigung der Krise geholfen haben – und vor allem auch: was einem der Durchgang durch die Krise persönlich gebracht hat.

In der Arbeit mit Auszubildenden ist es sinnvoll, mit ihnen zunächst ein Gespräch zu führen, in dem die Merkmale von Krisen und die damit verbundenen Gefühle thematisiert werden. Anschließend empfiehlt sich eine Übung, in der erlebbar wird, wie man Krisen überwinden und sie letztlich als persönliche Lern- und Entwicklungsmöglichkeit nutzen kann.

Im Gespräch mit den Auszubildenden wird zunächst gemeinsam untersucht: Woran merke ich, dass ich in einer Krise stecke? Als charakteristisch nannten Auszubildende beispielsweise:

„Man verliert die Orientierung."

„Alles kommt einem sinnlos vor, man fragt sich: War bisher alles nur Illusion?"

„Man verliert sein Selbstwertgefühl."

„Das Gewohnte ist nicht mehr tragfähig, ich komme nicht mehr weiter wie bisher."

Anschließend wird zusammengetragen, wie man im Allgemeinen auf Krisen reagiert. Beispiele:

„Leugnen, Ausflüchte suchen"

„Warten bis der Anfall vorbeigeht"

„Schuldige suchen"

„Schwanken zwischen Resignation und Optimismus"

„Selbstmitleid"

„Ratlosigkeit"

„Hilfe bei anderen suchen"

„Sich fallen lassen"

„Irgendwann bekommt man eine Idee, wie es weitergehen könnte."

„Erst am Tiefpunkt kapiert man: wenn du dich nicht bewegst, bleibst du auf der Strecke."

Auf Basis dieser Nennungen kann das Modell „Stadien im Prozess der Neuorientierung" die individuellen Erfahrungen systematisieren helfen. Anhand dieses Modells wird erläutert, dass sich Krisen nicht „abkürzen" lassen, indem man versucht, den Tiefpunkt zu vermeiden oder an Vergangenem festzuhalten. Stattdessen hilft es aber, wenn man mutig auf diesen Wendepunkt zusteuert, im Vertrauen, dass die Wendung des Blicks nach vorn neue Kräfte freisetzt, dass man Ideen bekommt, mit diesen Ideen anfängt so lange zu experimentieren, bis sich eine tragfähige Variante herausstellt, die man dann zielstrebig weiterverfolgt – und dann mit neu gewonnener Stabilität belohnt wird.

Die Besprechung des Modells sollte auch dazu genützt werden, die Auszubildenden nach weiteren Erfahrungen zu fragen: Was hat Ihnen geholfen, mit Krisen fertig zu werden? Was haben Sie dadurch an Erfahrung gewonnen?

Arbeitsblatt

Stadien im Prozess der Neuorientierung

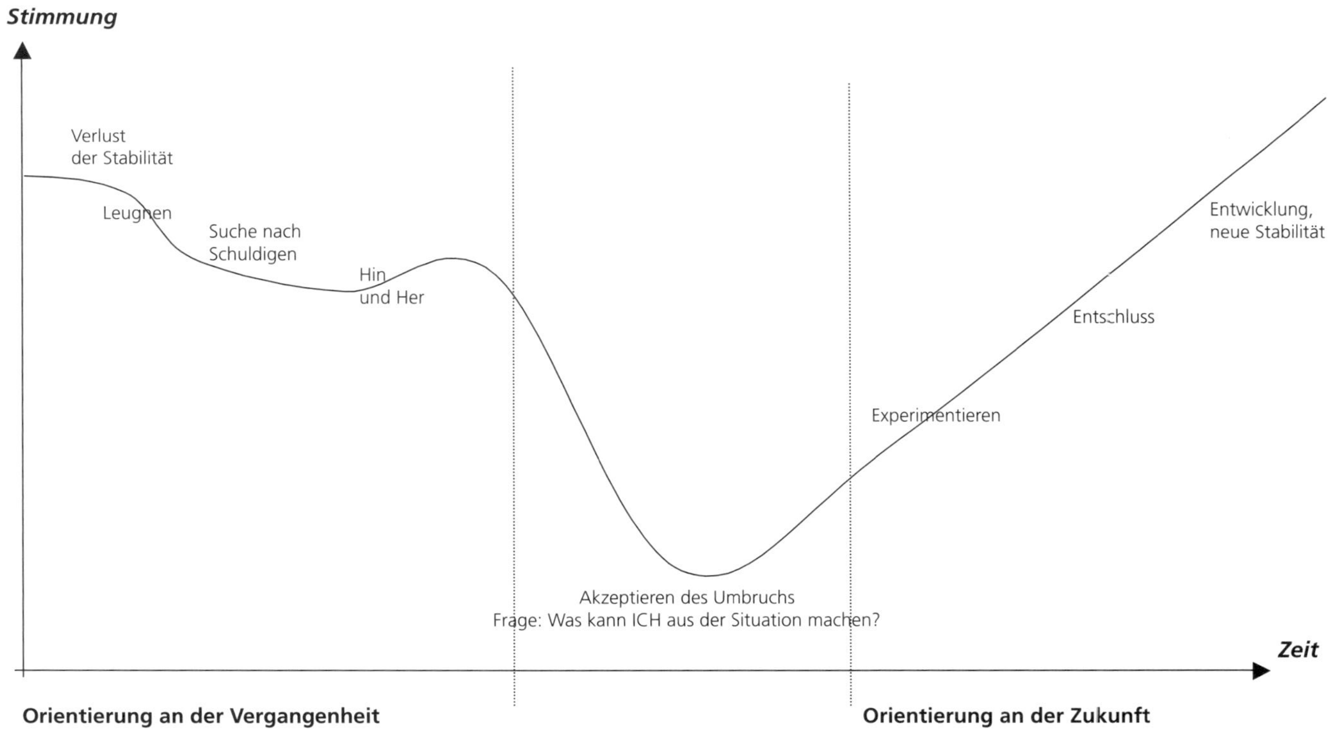

In Anlehnung an: J. Van der Brug, K. Locher: Unternehmen Lebenslauf. Stuttgart 1997

Es wird sich zeigen, dass man selbst aktiv werden muss, dass man aber auch Hilfe von anderen erbitten und annehmen können muss.

Soll die Bewältigung von Krisen jedoch nicht nur „irgendwie geschafft" werden, sondern sogar zur Bereicherung der eigenen Biografie beitragen, benötigt man die Möglichkeit, Neues, das zunächst als störend, irritierend, unwillkommen erlebt wird, produktiv zu verwandeln.

Eine *künstlerische Übung* macht erfahrbar, welche Haltungen und Fähigkeiten dies erfordert. Als besonders geeignet hat sich eine Aquarellübung erwiesen, da diese Technik einen hohen Gestaltungsspielraum bietet. Es ist jedoch durchaus möglich, eine solche Übung auch als Plastizierübung mit Ton oder als Malübung mit Wachsmalkreiden durchzuführen.

> *Künstlerische Übung*
> *Jede/r Auszubildende malt ein Bild in Aquarelltechnik (beliebiges Motiv). Die fertigen Bilder werden ausgelegt. Je zwei besonders unterschiedliche Blätter werden ausgewählt. Deren Maler/innen bekommen die Aufgabe, gemeinsam daraus ein Gesamtbild zu gestalten. Vorgaben dabei sind: Man muss malen ohne miteinander zu sprechen und ohne sich in das Bild des Partners einzumischen. Jede/r darf nur das eigene Bild verändern.*
>
> *Auswertung*
> *In der Auswertung wird zunächst berichtet, ob und weshalb diese Übung schwer fiel. Insbesondere sollte nachgefragt werden, was passierte, als man das eigene Bild nicht mehr isoliert, sondern im Zusammenhang mit einem fremden, sehr unterschiedlichen Bild wahrnehmen musste, inwieweit man dies als Störung, als „Krise" erlebte.*
>
> *Dann soll der Erarbeitungsprozess des gemeinsamen Bildes geschildert werden: Wie entstanden neue Ideen? Wie gelang es, sich mit den bestehenden Rahmenbedingungen zu arrangieren? Welche Wahrnehmungsleistungen mussten aufgebracht werden, welche eigenen Aktivitäten?*
>
> *Und schließlich: Wie zufrieden sind die Auszubildenden mit dem neuen Bild? Hat es an Kreativität und Ausdruckskraft gewonnen? Gab es interessante Anregungen vom „fremden" Bild?*

Eine solche Übung kann damit abgeschlossen werden, dass gemeinsam die hilfreichen Strategien im Umgang mit „unwillkommenem Neuem" gesammelt werden. Ebenso sollte summiert werden, worin der Gewinn durch die „Störung von außen" bestand.

12.5 Der biografische Blick der Ausbilder/innen: Entwicklungsbegleiter/in werden

Ausbilder/innen und Lehrkräfte sollten ebenfalls einen biografischen Blick entwickeln. Er nutzt ihnen nicht nur individuell für ihr eigenes Leben, sondern kann besonders im Umgang mit den Auszubildenden hilfreich sein, um alterstypische Verhaltensweisen der Auszubildenden besser zu verstehen. Er trägt dazu bei, dass Ausbildenden dieser Perspektivenwechsel besser gelingt. Dies heißt nicht, dass untragbare Verhaltensweisen hingenommen werden sollen. Es zeigt sich aber, dass das Gespräch darüber wesentlich leichter möglich ist, wenn Ausbilder/innen verdeutlichen, dass sie sich in die Situation des Jugendlichen einfühlen können. Auf diese Weise vollzieht sich ein Konfliktgespräch auf der Sachebene (welches Verhalten ist nicht akzeptabel, und warum?) und entgleitet nicht in persönliche Angriffe.

Außerdem zeigt sich, dass die Beschäftigung mit der biografischen Phase der Auszubildenden die Erinnerung an die eigenen Ausbildungserfahrungen wachruft und die Möglichkeit gibt zu reflektieren, was man selbst damals hilfreich bzw. hinderlich fand. Ferner schärft das Kennenlernen der „eigenen" Altersphase den Blick dafür, welche Kräfte die Ausbilder/innen aufgrund ihres Alters zur Verfügung haben, mit welcher inneren Distanz und aus welchem Überblick sie mit den Auszubildenden umgehen können. Damit bekommen Ausbildende eine größere Sicherheit in ihrem Führungsverhalten (angemessene Autoritätsausübung aufgrund fachlicher Fundiertheit vs. unkritischer „Jugendlichkeit" bzw. Pochen auf formale Vorgesetztenfunktion).

Es gibt mehrere bewährte Möglichkeiten, wie der biografische Blick gefördert werden kann.

> <u>*Vorgehensweise 1*</u>
> *Ausbilder/innen bzw. Lehrkräfte erarbeiten, wie sie sich den „idealen Ausbilder/Lehrer als Entwicklungsbegleiter junger Menschen" vorstellen, welche Eigenschaften und Verhaltensweisen dafür nötig sind. Sie zeichnen dazu den Umriss eines Menschen auf ein großes Blatt Papier und notieren darauf, was „Kopf, Herz und Hand" denken, fühlen und tun.*

Eine Gruppe aus Meister/innen im Handwerk erstellte diese Sammlung:

Respekt vor der Persönlichkeit des Auszubildenden

So viel erklären wie nötig, so viel selbst denken lassen wie möglich

Eigene Begeisterung und andere begeistern können

Lob und Bestätigung geben können

Geduld

Richtige Fragen stellen können

Wahrnehmungsfähigkeit

Fachkompetenz und soziale Kompetenz

Verständnis für sich selbst und für die Auszubildenden

Für Ideen der Auszubildenden offen sein

Auf Auszubildende unbefangen und offen zugehen

Fehler akzeptieren

Einfühlsamkeit

Verdeutlichen: „Deine Leistung wird gebraucht"

Persönliche Souveränität und Standvermögen

Gleichbehandlung aller

Etwas fordern und den Auszubildenden etwas zutrauen

Herzlichkeit.

Vorgehensweise 2
Hierbei wird in zwei parallelen Gruppen gearbeitet. Die Gruppe der Ausbilder/innen diskutiert die Frage „Was charakterisiert heute die Auszubildenden?" und hält die Ergebnisse schriftlich fest.

Die Gruppe der Auszubildenden bearbeitet dieselbe Frage und bereitet zusätzlich eine Präsentation vor zu den Fragen: „Wo fühle ich mich in der Ausbildung gut unterstützt?" „Was wird von den Ausbilder/innen nicht gesehen?" „Was sollte von Ausbilder/innen anerkannt werden?" „Welche Unterstützung wünschen wir uns von den Ausbilder/innen?"

Anschließend präsentieren sich beide Gruppen gegenseitig ihre Ergebnisse. Diese Präsentation sollte von einer „neutralen" dritten Person moderiert werden. Als Regel wird vereinbart, dass jede Gruppe ihre Ergebnisse vollständig vorstellen kann, ohne unterbrochen zu werden. Erst anschließend soll nachgefragt und diskutiert werden. Die Moderation muss darauf achten, dass kritische Anmerkungen in positive Wünsche umformuliert werden, und entsprechende Vereinbarungen in die Wege leiten.

Diese Vorgehensweise verläuft nicht ohne Konflikte, erweist sich aber letztlich als äußerst fruchtbar. Ausbilder/innen zeigen sich meist überrascht über die Wahrnehmungen der Auszubildenden – einerseits rechnen sie nicht damit, wie viel Positives von den jungen Leuten kommt, andererseits nicht damit, wie vieles für diese durchaus nicht selbstverständlich ist.

Im Modellversuch „Lernkompetenz und Selfmarketing" gaben Auszubildende aus allen drei Ausbildungsjahren folgende Rückmeldungen:

„Gut unterstützt fühlen wir uns …:"

Gute soziale Kontakte zum Ausbilder

Gute Prüfungsvorbereitung

Auf die Einzelnen mit ihren Stärken und Schwächen wird gut eingegangen.

Abfragen von Wissensstand hilft zur eigenen Standortbestimmung und zum Erkennen von Handlungsbedarf.

Gut ist, dass es gemeinsame Unternehmungen gibt.

Gute Kontakte aller Auszubildenden untereinander durch die Projekte im Verlauf des Modellversuchs – ‚Es ist gut, dass wir diese Möglichkeit kriegen'"

„Von den Ausbilder/innen wird übersehen …:"

Unsere Bemühungen werden nicht anerkannt – zu wenig Lob!

Manches wird für selbstverständlich gehalten (z.B. Kopierarbeiten, Kaffeekochen, Putzen) nach dem Motto „Lehrjahre sind keine Herrenjahre".

Ausbilder dürfen mal einen schlechten Tag haben – wir aber nicht!

In manchen Bereichen „schlechte Behandlung": Ironie, Mobbing

Abhängigkeit wird ausgenutzt, Gutmütigkeit nicht belohnt

„Was sollte von den Ausbilder/innen gesehen werden?"

Pünktlichkeit

Engagierte Mitarbeit

Sauberhalten des Arbeitsplatzes

Flexibilität des Azubis in der Arbeit

Seine Lernwilligkeit und -fähigkeit

Höflichkeit gegenüber Kollegen

Eigenständiges Arbeiten

Hilfsbereitschaft

Fähigkeit und Bereitschaft, über Probleme zu reden

„Diese Unterstützung wünschen wir uns:"

Sich Zeit nehmen

Selbstständig arbeiten lassen

Gut zuhören können

Miteinander sprechen ohne Ironie, aber mit Spaß

Ehrliches Feedback

„Abstand halten“, d.h. dem Azubi Zeit lassen, um selbst auf die Lösung zu kommen

Erklären können

Für Fragen offen sein

Loben und kritisieren

Unterstützung bei Problemen in der Schule

Die Reaktion der Ausbilder/innen auf diese Präsentation war Betroffenheit: Insbesondere der Wunsch der Auszubildenden nach mehr Lob bzw. nach ehrlichem Feedback führte zu heftigen Diskussionen:

Ich bin verblüfft darüber, dass die Auszubildenden wollen, dass ich anerkenne, wenn sie kopieren.

Der Wunsch nach mehr Lob ist total verständlich! Wichtig ist schnelles, klares Feedback, d.h. Lob und Tadel.

Heute lobt man nicht mehr durch Schulterklopfen, sondern in Form von Belohnungen und Freiräumen.

Es ist schwer, den Azubis Kritik rüberzubringen – ich hab das manchmal abgeschwächt, weil es mir unangenehm war.

Wir müssen eine Feedbackkultur entwickeln!

Letztlich führte der Dialog zwischen Auszubildenden und Ausbilder/innen dazu, dass sich die Ausbilder/innen Veränderungen vornahmen:

Wir sollten ein einheitliches Vorgehen in den einzelnen Abteilungen anstreben, z.B. den Arbeitsbeginn gestalten.

Wir müssen einen stärker pädagogischen Blick entwickeln: Was soll der Auszubildende lernen – fachlich und persönlich?

Wir müssen Spielregeln finden und abstimmen.

Wir sollten auch in kleinen persönlichen Gesten ausdrücken: „Es zählt der Mensch!“

Wir wollen selbstbewusster werden und auftreten!

Es zeigt sich also, dass die Kontrastierung der verschiedenen Blickwinkel äußerst fruchtbar ist. Wesentlich dabei ist jedoch, dass ein Klima erzeugt wird, in dem gegenseitige Erwartungen ehrlich angesprochen werden können und keinesfalls gegenseitiges „Aufrechnen“ passiert. Es muss darauf geachtet werden, dass der Austausch nicht im Allgemeinen verbleibt, sondern zu konkreten Willensentschlüssen für die Veränderung der Ausbildungspraxis führt.

13. Wege zur Förderung von Selbstmarketing

Die vierte Komponente berufsbiografischer Gestaltungskompetenz ist Selbstmarketing. Auf dem Weg seiner Verwirklichung sind mehrfache Klärungen nötig. Sie beziehen sich zum einen auf die eigene Person und umfassen im Grunde alle Schritte, die in den vorhergehenden Kapiteln beschrieben wurden: den eigenen Lernweg mit den eigenen Stärken und Schwächen/Barrieren reflektieren und seine Lernkompetenz wach halten; herausfinden, über welche – formell und informell erworbenen – Kompetenzen man verfügt, und sein persönliches Kompetenzprofil für andere sichtbar machen; seine eigene berufliche und private Situation unter dem berufsbiografischen Blickwinkel reflektieren und daraus Entwicklungsimpulse gewinnen.

Zum andern sind Klärungen der äußeren Bedingungen nötig. Diese reichen von der Marktbeobachtung bis zur Klärung eventuell nötiger zusätzlicher Kompetenzen und der Wege, wie diese zu erreichen sind.

Erforderliche Schritte bei diesem Klärungsprozess sind:

- Auszubildende müssen lernen, sich mit dem Thema „Selbstständigkeit" auseinander zu setzen.
- Sie müssen die eigenen Werte und Motive kennen lernen.
- Sie sollen lernen, gesellschaftliche Bedarfe festzustellen.
- Sie üben, das eigene Kompetenzprofil einzusetzen und Ideen zu vermarkten.
- Sie planen die konkreten Schritte zur Umsetzung ihres persönlichen Selbstmarketings.

13.1 Selbstständig werden

Auszubildende sind ihrem Alter gemäß erst auf dem Weg, selbstständig in ihrem privaten und beruflichen Leben zu werden. Sie haben zwar den dringenden Wunsch nach Selbstständigkeit, sind sich aber oft nicht im Klaren darüber, was das eigentlich konkret bedeutet. Auch der Gedanke, dass Selbstständigkeit nicht einfach von selbst kommt oder einem von außen eingeräumt wird, muss erst veranlagt werden. Damit verbindet sich die Frage: Welchen Beitrag muss ich eigentlich persönlich leisten, damit ich dieses Ziel verwirklichen kann? Welche Fähigkeiten muss ich neu entwickeln?

„Selbstständigkeit lernen" ist natürlich das übergreifende Thema der gesamten Ausbildung. Dennoch empfiehlt es sich, den Auszubildenden explizite Gelegenheiten zur tieferen Reflexion der eigenen Einstellung zu geben wie auch Anreize zur aktiven Mitgestaltung ihrer Ausbildungsbedingungen. Dafür haben sich Selbstlernaufgaben wie die folgenden bewährt.

Selbstlernaufgabe

WAS BEDEUTET FÜR MICH SELBSTSTÄNDIGKEIT?

Sein berufliches und privates Leben selbstständig zu gestalten, ist ein wichtiges Ziel, um nicht zum Spielball anderer zu werden.

Überlegen Sie einmal, was Sie unter „Selbstständigkeit" verstehen.

Selbstständigkeit bedeutet für mich

... im Allgemeinen:

....

....

... in Bezug auf meinen beruflichen Lebensweg:

....

....

.... in Bezug auf mein privates Leben (Freunde, Hobbys, Freizeit ...):

....

....

.... in Bezug auf mich selbst:

....

....

Welche Fähigkeiten, glauben Sie, müssen Sie entwickeln, um so selbstständig zu sein, wie Sie sich das wünschen?

....

....

....

Selbstlernaufgabe

WAS KANN ICH SELBST VERÄNDERN?

In Ihrer Ausbildung stoßen Sie sicherlich hin und wieder auf Dinge, die Ihnen nicht so gut gefallen.

Überlegen Sie sich in der nächsten Zeit: Wie könnte ich daran etwas ändern?

....

....

....

....

Wie – und mit wem – könnte ich das anpacken? Woher könnte ich Unterstützung bekommen?

....

....

....

Wen sollte ich informieren? Wen einbeziehen?

....

....

....

Wenn Sie nichts verändern wollen, obwohl Ihnen einiges nicht so gut gefällt – woran könnte das liegen?

....

....

....

Diese Selbstlernaufgaben stellen hohe Anforderungen an die Reflexionsfähigkeit der Auszubildenden – und an die Gesprächsbereitschaft und Kritikfähigkeit von Ausbilder/innen und Lehrkräften. Damit solche Aufgaben für alle Beteiligten fruchtbar sind, ist es nötig, den Äußerungen der Auszubildenden ein offenes Ohr zu schenken, sich von ihnen ihre Verbesserungsideen erläutern zu lassen und gemeinsam nach Umsetzungsmöglichkeiten zu suchen.

Auch die gemeinsame Vereinbarung von Regeln, wie man miteinander umgehen möchte, hat sich sehr bewährt. Wichtig ist, dass die Auszubildenden das Gefühl bekommen, gehört zu werden und in ihrer aktiven Mitgestaltung gefragt zu sein.

Dabei können durchaus die noch fehlenden Kompetenzen angesprochen werden – gleichzeitig sollten gemeinsam mit den Auszubildenden Wege gesucht werden, wie diese Kompetenzen aufgebaut werden können.

13.2 Eigene Werte und Motive erkennen

Zu den Klärungen hinsichtlich der eigenen Person gehören unter dem Gesichtspunkt des Selbstmarketings natürlich alle diejenigen Dinge, die mit dem eigenen Lernverhalten und dem Blick auf die eigene Berufsbiografie zu tun haben. Entsprechende Aufgabenstellungen wurden in den vorhergehenden Kapiteln vorgestellt.

Darüber hinaus muss aber auch Gelegenheit bestehen, seiner eigenen Werte- und Motivationsstruktur näher auf die Spur zu kommen, bestimmt diese doch wesentlich mit, in welcher Weise man neue Entwicklungen in Gang setzt.

Dies erfordert einen längeren Prozess und mehrfache methodische Zugänge. Eine Möglichkeit besteht in Selbstlernaufgaben wie der folgenden.

Selbstlernaufgabe

WARUM TUE ICH ETWAS?

Beobachten Sie sich einen Monat lang bei Ihren Handlungen.

Was tun Sie, weil es von außen – von anderen – von Ihnen gefordert wird?

Was tun Sie, weil eine Situation, eine Notwendigkeit es von Ihnen fordert?

Was tun Sie, weil Sie es aus sich heraus wollen? Was motiviert Sie?

Wenn Sie eine Zeit lang Ihre Handlungen beobachtet haben, erhalten Sie einen „Spiegel" für Ihre verschiedenen Arten von Motivation.

Entscheiden Sie: Soll es so bleiben, wie es ist? Oder wollen Sie etwas verändern? Haben Sie schon eine Idee, wie Sie das anpacken wollen?

....

....

....

....

....

....

....

....

....

....

....

....

....

Eine weitere Möglichkeit, den eigenen subtilen Strebungen näher zu kommen, stellt die Methode dar, angefangene Sätze ganz spontan zu beantworten und dann auf die Spurensuche zu gehen, was die Ergebnisse über die eigenen Motive aussagen.

Ein Beispiel:

Wie vollende ich den Satz ... [41]

Ich wollte schon immer ...

Ich habe schon oft darüber nachgedacht, wie es wäre, wenn ...

Ich habe früher davon geträumt ...

Ich wünschte, ich hätte noch einmal eine Chance, um ...

Es hat mir immer Spaß gemacht ...

Ich glaube, es würde mir gefallen ...

Wenn ich es mir leisten könnte, würde ich ...

Ich könnte mir mich gut vorstellen als ...

Ich würde gern Leute treffen, die ...

Ein Teil von mir will ...

Wenn ich den Mut hätte, würde ich ...

Auszubildende erleben diese Methode als sehr persönlich und hilfreich. Einige Antworten einer Auszubildendengruppe:

Die Sätze wirken als Spiegel.

Sie rufen Erinnerungen wach.

Meine Antworten machen persönliche Gewichtungen deutlich

Sie enthüllen die Zufriedenheit mit dem derzeitigen Zustand.

Neben der Motivklärung ist es sinnvoll, wenn die Auszubildenden immer wieder eine Standortbestimmung in Bezug auf ihre derzeitige berufliche Situation vornehmen.

41 Entnommen aus: R. Zellweger: Berufliche Perspektiven ab 40. Zürich 2002

Dazu kann eine Gruppendiskussion zu folgenden Fragen angeregt werden:

> *Wenn ich an meine restliche Ausbildungszeit denke, dann …*
>
> *Bin ich mir sicher, dass ich die Anforderungen schaffen werde?*
>
> *Mache ich mir Sorgen wegen …?*
>
> *Bin ich mir sicher, dass ich den erlernten Beruf ausüben will? (Warum/warum nicht?)*
>
> *Welche persönlichen Motive und Interessen kann ich im derzeit erlernten Beruf verwirklichen, welche nicht?*
>
> *Wie gehe ich mit nicht erfüllten Strebungen um?*

Falls Befürchtungen auftreten, sollten die Ausbildenden gemeinsam mit den jungen Leuten nach Lösungswegen suchen, beispielsweise wie man sich gut auf die Prüfungen vorbereiten kann oder wie man ggf. eine Laufbahnberatung aufsucht.

Sehr bewährt hat sich, Auszubildende aufzufordern, sich selbst gegenseitig Fragen zum Nachdenken zu geben, die die Suche nach eigenen Motiven unterstützen. So entstand folgendes Beispiel:

Selbstlernaufgabe

MEIN ENERGIEHAUSHALT

Beobachte eine Woche lang:

1. Wer und was sind meine Energiequellen (diese Woche gewesen)? (z.B. Wer und was motiviert mich, baut mich auf, gibt mir Kraft, Schwung für anderes?) Wo und bei wem, womit tanke ich auf?

....

....

2. Wer oder was sind meine Energieräuber (diese Woche gewesen)? (z.B. Was schlaucht? Wer nervt oder laugt mich aus? Wer oder was ist anstrengend?)

....

....

3. Wo verschwende ich meine Energie? (z.B. Nach welchen Situationen hatte ich das Gefühl, mir umsonst Mühe gegeben zu haben? Wo oder wann habe ich mich diese Woche überfordert, ausgepowert?)

....

....

4. Ist mein Energiehaushalt im Gleichgewicht? Wenn ich noch was übrig habe: Wem oder was könnte ich was davon abgeben? Energieumleitung & -zufuhr an:

....

....

5. Wenn ich mehr Energie verbrauche als bekomme: Wo und wie kann ich Energie sparen?

....

....

13.3 Gesellschaftlichen Bedarf feststellen

Selbstmarketing ist nach unserer Definition die Vorgehensweise, bei der persönliche Intentionen und Fähigkeiten in Beziehung gesetzt werden zu gesellschaftlichen Bedarfen, wobei das Spannungsverhältnis zwischen diesen beiden Bereichen bewusst reflektiert und produktiv genutzt wird.

Der Blick auf gesellschaftlichen Bedarf ist keineswegs „einfach so" bereits vorhanden. Üblicherweise neigt man dazu, die eigene Situation zu betrachten und nach Möglichkeit das Beste für sich daraus zu machen. Daher muss eine solche veränderte Sichtweise überhaupt erst veranlagt werden. Dabei kann an die Alltagserfahrung angeknüpft werden: Wenn niemand das Ergebnis meiner Arbeit braucht, dann geht sie offenkundig am Bedarf vorbei. Indem dieser Gedanke mit dem Begriff Kundenorientierung verknüpft wird, wird er auch für Auszubildende leicht nachvollziehbar. Schwieriger wird es, wenn es darum geht, nicht beim Bestehenden zu verharren, sondern „in die Zukunft zu phantasieren". Dann kommt zu Bewusstsein, dass man aktiv werden muss, um herauszufinden, was denn über den eigenen Bereich hinaus gebraucht wird und an welcher Stelle man demzufolge die eigenen Fähigkeiten einsetzen könnte.

Diese Denkrichtung sollte mit Auszubildenden in einem Gespräch thematisiert werden. Sie sollten für Wege sensibilisiert werden herauszufinden, worin Bedarf besteht und wie sie selbst zu dessen Deckung beitragen können. Dazu haben Auszubildende meist schon viele Ideen. Eine Gruppe nannte hier etwa:

Statistiken nutzen

Bevölkerungsstruktur (z.B. in einem bestimmten Gebiet) untersuchen

Nischen finden, Marktlücken nutzen

Fachmessen u.Ä. besuchen

Kundenwünsche aufmerksam wahrnehmen; Kundenbefragungen vornehmen

Aktuelle Themen in Medien verfolgen

Beobachten: Was kaufen die Leute, was interessiert sie?

Etwas im Gespräch in den Raum stellen und die Reaktionen darauf beobachten

Mit offenen Augen durch die Welt gehen

Engpässe feststellen.

Selbstlernaufgaben vertiefen die Beschäftigung mit dem Thema. Sie sollen bewusst die Phantasie wecken, um kreative Ideen zutage zu fördern. Die Auszubildenden sollten ermuntert werden, wie bei einem Brainstorming zunächst auch nicht ganz realistische Vorschläge zu machen, um ihren Einfallsreichtum ganz auszuschöpfen.

Selbstlernaufgabe

SEHEN LERNEN, WO ETWAS FEHLT

Bitte beobachten Sie während einer Woche, wann Ihnen auffällt, dass irgendwo „etwas fehlt".

Dabei kann es sich um ganz alltägliche nützliche Dinge handeln, z.B.: „Hier wäre ... praktisch ..." Genauso kann es sich um Dinge handeln, die eher mit inneren Haltungen zu tun haben, z.B.: „Hier müsste man doch unbedingt ... machen."

Seien Sie dabei ruhig ganz unkonventionell – auch „verrückte Ideen" sind möglich, z.B.: „Ein Kühlschrank, der sich selbst auffüllt."

Sammeln Sie ***mindestens 10 Beispiele.***

1. ....

2. ....

3. ....

4. ....

5. ....

6. ....

7. ....

8. ....

9. ....

10. ....

Die Erfahrungen mit dieser Aufgabe zeigen, dass Auszubildende sehr motiviert Ideen entwickeln, die durchaus realistisch sind. Erstaunlicherweise handelt es sich dabei häufig um Vorschläge, die eng mit der eigenen Arbeitserfahrung zusammenhängen:

> Beim Hängen eines Waschbeckens wäre es praktisch, wenn man drei Hände hätte.
>
> Auf der Baustelle wäre eine Pausenglocke praktisch.
>
> Ein Imbissladen neben dem Bauwagen.
>
> Eine allgemein gültige Putz- und Aufräumordnung, an die sich alle halten, ohne erinnert zu werden, wäre fair.
>
> Ein sprechender und mitdenkender Terminkalender. Er müsste mich an alles erinnern, was ich vorhabe, aber auch kontrollieren, ob ich meine Termine wahrgenommen habe.
>
> Ein Jugendfinanzberater wäre praktisch. Er müsste mir verständlich machen, warum ich so viel Geld für eigentlich überflüssige Sachen ausgebe.
>
> Änderung der Arbeitszeit, z.B. jeden Tag eine halbe Stunde länger arbeiten, dafür aber den ganzen Freitagnachmittag frei.
>
> Jemand, der den Materialcontainer alle 2 Tage aufräumt.
>
> Ein Kasten, aus dem man fehlendes Material einfach rauszieht.
>
> Manchmal bräuchte man jemanden, der morgens früh ein Päckchen Lust verteilt.

Die Selbstlernaufgabe kann durch entsprechende Projekte zur Feststellung gesellschaftlicher Bedarfe vertieft werden. Diese Bedarfe festzustellen ist die eine wichtige Perspektive in Bezug auf die Entwicklung von Selbstmarketing. Die andere betrifft die eigenen Fähigkeiten und Intentionen.

Beide Perspektiven müssen immer wieder neu in Balance gebracht werden. Um dies zu verdeutlichen, eignen sich künstlerische Übungen wie die folgende.

> *Künstlerische Übung „Innen und außen in Balance bringen"*
> *Die Auszubildenden bekommen die Aufgabe, in Aquarelltechnik zu malen. Zunächst sollen sie von der Mitte ausgehend einen Kreis in hellem Gelb anlegen, der sich allmählich ausdehnt. Dann wird der Kreis durch das Einbeziehen von Rot kräftiger konturiert. An dieser Stelle tauschen die Auszubildenden ihr Blatt mit dem ihres/ihrer Sitznachbar/in aus. Diese haben die Aufgabe, nun vom Blattrand her in kräftigem Blau zu malen, bis sich außen und innen fast begegnen.*

Anschließend erhalten die Auszubildenden ihr ursprüngliches Blatt zurück und sollen das Zusammenkommen der beiden Farbsphären so gestalten, dass kein mechanisches „Zusammenmalen" entsteht, sondern eine lebendige Farbfläche, die mal mehr von innen, mal mehr von außen bestimmt wird.

Auswertung
Zunächst berichten die Teilnehmer/innen davon, wie sie mit der Aufgabe zurechtkamen. Anschließend wird thematisiert, welche Gefühle und Vorgehensweisen jeweils mit „von innen kommend", „von außen kommend" und „zusammenkommen" verbunden waren.

Es sollte deutlich werden, dass eine „ausbalancierte" Gestaltung erfordert, die eigenen Intentionen deutlich zu positionieren, zugleich jedoch auch mit dem aktiv umzugehen, was von außen auf einen zukommt, dessen Gesetzmäßigkeiten zu berücksichtigen und weder die eine noch die andere Seite dominant werden zu lassen.

13.4 Das persönliche Portfolio nutzen

Nach der Bedarfsseite muss die persönliche Fähigkeitenseite in den Blick kommen. Dafür wurden bereits mehrere Möglichkeiten geschildert. Jetzt geht es darum, dass sich Auszubildende noch einmal genauer einen Überblick darüber verschaffen, was heute von ihnen verlangt wird und was sie zu bieten haben.

Rollenspiele sind eine gute Möglichkeit, dies zu realisieren. Es ist günstig, wenn zuvor im Gespräch Kriterien gesammelt werden, worauf es bei der Präsentation des eigenen Portfolios ankommt.

Übung
Die Auszubildenden bearbeiten in Gruppen verschiedene Stellenanzeigen. Sie analysieren, welche Fähigkeiten jeweils verlangt werden. Auf dieser Grundlage bereiten sie Rollenspiele zu einem Bewerbungsgespräch vor. Besonderes Augenmerk sollen sie darauf legen, wie sie üblich geforderte Fähigkeiten wie „Teamgeist", „selbstständiges Arbeiten", „Kreativität" belegen können. Dazu sollen sie sich all das in Erinnerung rufen, was sie über informell erworbene Kompetenzen gelernt haben und was sie in ihrem persönlichen Portfolio notiert haben.

Auswertung
Bei der Durchführung der Rollenspiele können Beobachtungsaufgaben verteilt werden: Wie gut wurde argumentiert? Wie zufrieden stellend war die Selbstpräsentation der Bewerber/innen? Worauf legten die „Arbeitgeber/innen" besonderen Wert? Wie aktiv gestalteten die Bewerber/innen das Gespräch

mit? Wie gingen sie auf ihr Gegenüber ein? Die Auswertung folgt diesen Fragen. Die Auszubildenden geben sich gegenseitig Rückmeldung, anschließend gibt ihnen die anleitende Person ein Feedback.

Da die Auszubildenden nur über eine geringe Informationsbasis über die ausgeschriebenen Stellen verfügen, sollte weiter thematisiert werden: Wie kann ich mich vor einer Bewerbung besser über das Unternehmen und die Anforderungen der Stelle informieren? Wie bereite ich mich auf das Bewerbungsgespräch vor?

Ebenso sollte angesprochen werden, dass Selbstmarketing nicht nur in der Bewerbung auf ausgeschriebene Stellen besteht – welche anderen Möglichkeiten fallen den Auszubildenden ein, um „Öffentlichkeit für ihre Talente" zu schaffen?

Ein weiterer wesentlicher Punkt der Auswertung betrifft die Frage: Wo fühlten sich die Auszubildenden unsicher? Was können sie tun, um mehr Sicherheit zu gewinnen? Ist ihre Kenntnis der eigenen Fähigkeiten schon ausreichend?

Eine Variante dieser Rollenspiele besteht darin, „echte" Personalverantwortliche einzubeziehen. Das können Betriebsangehörige oder auch (im Fall der Berufsschule) Eltern mit entsprechenden Funktionen sein. Sollten die Auszubildenden anfänglich davor zurückschrecken, sich Fremden zu präsentieren, können diese Personen zunächst darstellen, worauf es aus ihrer Sicht ankommt, und dann ihre Mitwirkung im Rollenspiel auf freiwilliger Basis anbieten.

Zur Vertiefung des Themas sollten die Auszubildenden erneut eine Selbstlernaufgabe in der Art von „Sich Erfolge bewusst machen" bearbeiten und dabei eine berufliche Situation unter die Lupe nehmen. Ziel der Aufgabe ist, die eigenen Fähigkeiten im beruflichen Kontext genauer zu erkennen.

Selbstlernaufgabe

MEINE BERUFLICHEN FÄHIGKEITEN

Suchen Sie sich eine konkrete schwierige berufliche Situation aus, mit der Sie dennoch fertig geworden sind. Schreiben Sie sich die Geschichte dieser Situation in Stichworten in folgenden Schritten auf.

1. Ausgangssituation:
   Welche Bedingungen gab es, worum ging es, was wollten Sie erreichen, wie war Ihre Stimmung usw.?

....

2. Schwierigkeiten in dieser Situation:
   Zum Beispiel: Besonders schwierige Aufgabe, komplizierte Bedingungen, schwierige Zusammenarbeit, schlechte eigene Stimmung, zu wenig Informationen bzw. zu wenig Ahnung, wie vorzugehen ist ...

....

3. Wie sind Sie vorgegangen, um die Aufgabe zu lösen?
   Erinnern Sie sich ganz genau: Was haben Sie zuerst getan? Was dann? Was passierte „unterwegs", womit Sie nicht gerechnet haben? Wie sind Sie damit umgegangen?

....

4. Was wird Ihnen durch die Geschichte über Ihre eigenen Fähigkeiten klar?

   a) Fachliche Fähigkeiten (z.B.: Metall bearbeiten können)

....

   b) Persönliche Fähigkeiten (z.B.: Durchhaltevermögen, Organisationstalent ...)

....

   c) Soziale Fähigkeiten (z.B.: eingehen auf andere, vermitteln können)

....

Ergänzen Sie Ihr persönliches Portfolio!

13.5 Strategie für konkrete Schritte entwickeln

Nach der Beschäftigung mit Ideenfindung und eigenen Kompetenzen ist es wichtig, dass ganz konkrete Schritte für das eigene Weiterkommen identifiziert werden und daraus ein persönlicher Aktionsplan entsteht. Dies gilt in besonderem Maß für Auszubildende im dritten Ausbildungsjahr, die sich spätestens jetzt Gedanken machen müssen, wie es für sie weitergehen soll. Junge Männer haben meist noch den Wehr- oder Zivildienst vor sich und tun sich schwer damit, über diese Zeit hinaus zu denken. Andere haben sich bereits Vorstellungen gemacht, was sie anschließend tun wollen, doch sind diese Vorstellungen nicht immer gut durchdacht und realistisch. Auszubildende brauchen daher die Gelegenheit, über ihre Pläne zu erzählen und sie einem „Realitäts-Check" auszusetzen.

Eine Gesprächsrunde kann damit eingeleitet werden, dass die Auszubildenden einzeln über ihre Vorhaben berichten. Sie können sich zunächst gegenseitig näher befragen, rückmelden, was ihnen am Bericht ihrer Kolleg(inn)en unklar ist, Anregungen geben usw. Allerdings zeigt die Erfahrung, dass diese erste Runde nicht ausreicht, um zu wirklich realistischen Plänen zu kommen. Hier brauchen die Auszubildenden Unterstützung durch Ausbilder/innen oder Lehrkräfte. Ihnen kommt die Funktion eines Coaches zu.

Nach Möglichkeit sollten sich Einzelgespräche anschließen, in denen die Coaches darauf achten, dass die Auszubildenden ihre geplanten Schritte so konkret wie möglich schildern. Sie fragen gezielt nach, beispielsweise ob die Auszubildenden genügend Informationen über die angestrebte Weiterbildung haben, deren Zugangsbedingungen, ob die Finanzierung gesichert ist usw. Gemeinsam mit dem Auszubildenden systematisieren sie den Klärungsbedarf.

Im nächsten Schritt überlegen sich die Auszubildenden genau, was sie tun müssen, um die Klärungen herbeizuführen. Sie setzen sich selbst Termine, bis wann sie dies erledigen wollen, und sie überlegen sich, wer sie dabei unterstützen könnte. Es ist ratsam, diesen Klärungsprozess schriftlich festzuhalten. Dazu kann ein einfaches Arbeitsblatt dienen.

Erfahrungsgemäß nehmen Auszubildende ein solches Angebot gern an. Meist sind sie überrascht, wie vieles sie noch zu klären haben. Eine besonders drängende Frage ist die nach der Finanzierbarkeit von Weiterbildungen bzw. neuen Erstausbildungen. Hier muss den jungen Leuten klar werden, dass sie selbst aktiv werden müssen, Recherchen über Fördermöglichkeiten anstellen oder aber dafür die Verantwortung übernehmen müssen, noch für längere Zeit finanziell recht schlecht dazustehen.

Wichtig ist, dass Ausbilder/innen oder Lehrkräfte die Auszubildenden darin unterstützen, an diesem Prozess dranzubleiben, indem sie nach einiger Zeit noch einmal an die geplanten Vorhaben erinnern und sich den Stand der Umsetzung berichten lassen.

Arbeitsblatt

„KONKRETE SCHRITTE AUF DEM WEG ZU MEINEM NÄCHSTEN ZIEL“

Ziel:

....

Schritte	**Offene Fragen Klärungsbedarf**	**Bis wann was gemacht**	**Unterstützung durch …**

14. Schlussbemerkung

In den vorigen Kapiteln wurden praxiserprobte Möglichkeiten dargestellt, wie junge Leute in der Berufsausbildung auf den Umgang mit den Herausforderungen einer Arbeitswelt im Wandel vorbereitet werden können. Diese Anregungen verlangen von den Verantwortlichen in der beruflichen Bildung – und vor allen Dingen den Auszubildenden selbst! – durchaus Initiative und Umdenken. Die Erfahrung belegt jedoch, dass sich die Mühe lohnt. Die Ermutigung dafür, das eigene (berufliche) Leben selbst in die Hand zu nehmen, ist heute unabdingbar notwendig, will man nicht zum „Spielball der Verhältnisse" werden, sondern sein eigener „Spielführer" sein.

Mit einer Metapher des Philosophen Peter Sloterdijk gesprochen, ist das Leben heute – falls es das je war – kein „langer, ruhiger Fluss" mehr. Wir sind heute vielmehr in unserer Existenz den Stürmen auf dem offenen Meer ausgesetzt, vertrieben von den schützenden Ufern und bequemen Dampfern vergangener Tage. Um nicht unterzugehen, müssen wir selbst im Schwimmen das Floß bauen, das uns zu neuen Ufern bringen kann.

So ist zu hoffen, dass sich aus den Anregungen dieses Buchs so viele Planken gewinnen lassen, dass damit ein tragfähiges Floß gebaut werden kann.

Nachwort: Lernkompetenz und Selfmarketing – ein Modellversuch im Handwerk

Gisela Westhoff[42]

Die berufliche Aus- und Weiterbildung steht durch die zunehmenden Veränderungsprozesse in Wirtschaft, Technik und Gesellschaft vor besonderen Herausforderungen. Betriebe müssen den beschleunigten technischen Entwicklungen und strukturellen Veränderungen standhalten und sich verstärkt an den jeweils aktuellen Kundenwünschen orientieren. Die Anforderungen an eine zugleich spezialisierte und flexible Belegschaft wachsen ständig, und die Betriebe können dem nur durch eine adäquate Aus- und Weiterbildung begegnen. Das gilt in besonderer Weise für kleine und mittlere Handwerksbetriebe. Berufliche Bildung ist hier vollständig in die alltäglichen Geschäftsabläufe integriert, die ausbildenden Fachkräfte sind weitgehend allein verantwortlich. Andererseits verfügt das Handwerk im Allgemeinen über eine ausgeprägte Ausbildungstradition, die davon lebt, Innovationsfähigkeit und Innovationsbereitschaft zu beweisen.

Der permanente Wandel bringt es mit sich, dass Berufslaufbahnen heute diskontinuierlich verlaufen. Berufs- und Betriebswechsel, berufliche Weiterbildung oder auch Phasen von Arbeitslosigkeit können auf jeden Menschen zukommen. Junge Menschen müssen sich daher schon in der Ausbildung auf ein von Umbrüchen geprägtes Berufsleben vorbereiten. Das übergeordnete Lernziel ist dabei die berufsbiografische Gestaltungsfähigkeit, die dazu führen soll, dass Menschen ein Leben lang in wechselnden beruflichen und persönlichen Situationen lernfähig, flexibel, gestaltungs- und marktfähig bleiben.

Der Wirtschaftsmodellversuch „Lernkompetenz und Selfmarketing" bei der Handwerkskammer Rheinhessen hat jungen Menschen in der Ausbildung dafür bedeutsame überfachliche Kompetenzen vermittelt. In die Arbeit des Modellversuchs wurden neben den Auszubildenden auch ausbildende Fachkräfte (Gesellinnen und Gesellen sowie Meisterinnen und Meister) einbezogen. Eine weitere Besonderheit bestand in der fach- und gewerkeübergreifenden Zusammensetzung der Lerngruppen. Für alle Beteiligten war es wichtig, die jeweils andere Perspektive im berufsbiografischen Kontext kennen und mitgestalten zu lernen. Die Konzepte, die in dem Modellversuch für die Berufsbildung entwickelt, erprobt und umgesetzt wurden, konnten deutlich erkennbare Erfolge für die Individuen und für die Unternehmen aufweisen.

[42] Bundesinstitut für Berufsbildung, fachliche Betreuerin des Modellversuchs

In Seminaren, Workshops und Projekten wurden gemeinsam Themen zusammengetragen, die auch schon Jugendliche im Hinblick auf ihre eigene Zukunft bewegen und mit denen sie umzugehen lernen wollen.

Die folgenden Aussagen dreier Beteiligter an dem Modellversuch geben aus individueller Perspektive Auskunft über das Vorgehen und die Konzepte des Modellversuchs sowie seine Wirkung im Sinne eines gelungenen Transfers.[43]

1. Ein Lehrling (Maurer)

> „Durch meine Teilnahme am Modellversuch konnte ich sehr viel lernen. Über 18 Monate wurden in Seminaren, begleitenden Übungen und Treffen viele interessante Themen vorgestellt. Lernkompetenz, lebenslanges Lernen, der eigene Berufsweg, Selbstmanagement und Selfmarketing sind nur einige davon. Durch die verständlichen Vorträge und Referate, die immer wieder durch künstlerische Übungen aufgelockert wurden, waren die Themen leicht zugänglich. Zudem wurde darauf geachtet, die Theorie immer wieder an praktischen Beispielen zu belegen. Dadurch war es möglich, das neu Erlernte direkt anzuwenden. Zum Beispiel sich Erfolge im alltäglichen Leben wirklich bewusst zu machen. Besonderen Spaß machte auch die gemeinsame Arbeit von Auszubildenden und Ausbildenden, die durch Projekte in kleineren Gruppen noch intensiviert wurde. So konnten Erfahrungen ausgetauscht werden, aus denen viele neue Vorschläge entstanden, wie die Ausbildung in Zukunft aussehen könnte. Das Projekt hat viel Spaß gemacht, und aus meiner Sicht sind sehr viele gute Anregungen daraus hervorgegangen."

2. Eine Gesellin, ausbildende Fachkraft (Buchbinderin)

> „Die intensive Auseinandersetzung mit den Themen Lebens- und Berufsweg, Lernen, Veränderungen und persönliche Qualifikation hat mich in meiner Orientierungsphase unterstützt, angeleitet und ermutigt. In Weiterbildungskursen und auf der Meisterschule gehe ich seitdem mit dem Thema Lernen anders um. Es sind nicht allein die greifbaren, sichtbaren Ergebnisse, die zählen, sondern auch die kleinen Schritte, die Verbesserungen. Ich habe gelernt, mich in Stress- und Frustphasen zu motivieren und berufliche Weiterbildung ganzheitlich als persönliche Entwicklung zu sehen und zu schätzen. Die Freude bleibt; es macht Spaß, zu arbeiten, Eigenes zu verwirklichen. (...) Besonders spannend fand ich von Anfang an die alters- und berufsübergreifende Situation, da ich mit vielen Fragen im Gepäck immer wieder den Austausch suche. Über die entstandenen Kontakte und Freundschaften bin ich glücklich. Sie sind Teil eines kleinen Netzwerkes geworden, das mich in beruflicher und privater Hinsicht trägt."

---

[43] Vgl.: Aktuelle Informationen aus der Modellversuchspraxis. Den eigenen Berufsweg finden und gestalten, Nr. 2, April 2003

3. Ein Ausbildungsleiter (Medien-Systeme, Studioeinrichtungen)

> „Die Auszubildenden arbeiteten begeistert an ihren Projektaufgaben und entwickelten ein starkes Interesse. In ihren Präsentationen vor der Geschäftsleitung, den Ausbildern und allen Auszubildenden setzten sie ihre Projekte erfolgreich um. (...) Durch das gemeinsame Arbeiten der Auszubildenden aus verschiedenen Lehrjahren und Berufen entstand ein vertrauensvoller Kontakt untereinander. Ganz neue Erfahrungen vermittelte vielen von ihnen auch das Präsentieren ihrer eigenen Ideen vor einer großen Gruppe. Der Modellversuch förderte bei den Auszubildenden die Selbstständigkeit in einem hohen Maße, steigerte die Motivation und weckte die Bereitschaft zur Übernahme von mehr Verantwortung. Wir als Ausbilder wollen diese Maßnahmen auch in Zukunft weiter umsetzen und vertiefen."

Diese Einschätzungen von Beteiligten des Modellversuchs fassen seine Arbeit, das Vorgehen und die Wirkung aus einem persönlichen Blickwinkel zusammen; die Details zeigt das vorliegende Buch in verallgemeinerter Form auf und regt durch eine Fülle von Beispielen zur Nachahmung und zum eigenen Experimentieren an.

Die folgenden ausgewählten Fragen bewegen sowohl die Jugendlichen als auch die ausbildenden Fachkräfte, die in dem Modellversuch zusammengearbeitet haben:

- Habe ich den richtigen Beruf gewählt?
- Lerne ich genug im Betrieb?
- Wie soll der ideale Ausbilder sein?
- Welche Erfahrungen haben meine Ausbilder/-innen gemacht?
- Wie gehe ich mit Fehlern um und wie verhalten sich andere dabei?
- Was will und kann ich nach der Lehre machen?
- Werde ich den heutigen Anforderungen der Ausbildung gerecht?
- Kann ich als Vorbild für junge Menschen genügen?

Diese und andere wichtige Fragen flossen ein in die Methoden und didaktischen Konzepte zur eigenen Gestaltung der beruflichen Anforderungen und des Selbstmarketings, die im Modellversuch entwickelt und erprobt wurden. Das vorliegende Buch will das Erreichte über den Versuch hinaus auch anderen Interessierten verfügbar machen. Vor allem sind kleine und mittlere Betriebe angesprochen, sich an der Weiterentwicklung zu beteiligen. Die vorgestellte Konzeption berücksichtigt die besonderen Bedingungen des Handwerks und setzt an verbreiteten Lernformen an.

Neben der klassischen Gruppenarbeit (Gespräche, Reflexionen, Aufgabenstellungen) werden ausgewählte Themen auch in praktischen Übungen vertieft. Seminare und Gruppenarbeiten wurden kontinuierlich begleitet von Selbstlernaufgaben. Zum Beispiel wurde seitens des Projektteams einmal wöchentlich eine Aufgabe gestellt in Abstimmung mit den Teilnehmern und Teilnehmerinnen (Bedeutung von Flexibilität, Führen des Berichtsheftes, Prüfungsvorbereitung). Die Korrespondenz erfolgte per E-Mail; die Aufgaben wurden gemeinsam vor- und nachbereitet.

Besondere Bedeutung kam der Arbeit in selbst gewählten Projekten zu. Beispielsweise hat eine Lerngruppe eine eigene Internetseite für das Projekt aufgebaut, die heute noch besteht (www.hwk.de/flexibel). Dort wird die eigene Arbeit in dem Modellvorhaben präsentiert, Hinweise auf aktuelle Entwicklungen und Ergebnisse gegeben sowie andere Auszubildende und Fachkräfte zur Diskussion eingeladen. Die Besonderheit besteht darin, dass bei der Internetprojektgruppe kaum IT-Vorkenntnisse vorhanden waren, diese aber im Verlauf gemeinsam erarbeitet wurden. Weitere Aufgaben der Lerngruppen waren innerbetriebliche Präsentationen von Arbeitsergebnissen zu speziellen Aufgaben (z.B. Möglichkeiten der beruflichen Weiterbildung nach Ausbildungsabschluss, Übernahmeproblematik).

Die Arbeit des Modellversuchs beruht auf einem erweiterten Lernbegriff , der „Lernen im Prozess der Arbeit“ sowie „selbstgesetzte Lernziele/selbstgesteuerte Lernprozesse“ einbezieht und diese in Beziehung setzt zu berufsbiografischen Phasen. Methoden und Instrumente zum Erkennen des eigenen Lernfortschritts und zum Sichtbarmachen erworbener Kompetenzen wurden bereitgestellt.

In dem Modellversuch wurde erfolgreich erprobt, dass Menschen unterschiedlichen Alters und aus unterschiedlicher fachlicher Herkunft miteinander lernen und arbeiten können. Wichtig ist dabei eine gelungene Mischung aus gemeinsamer und getrennter Arbeit mit integrierten Selbstlernphasen sowie die notwendige Reflexion während des gesamten Prozesses.

Der Modellversuch hat aufgezeigt, dass individuelles Lern- und Bildungsmarketing bereits in der Ausbildung angelegt werden kann. Die entwickelten Instrumente sind für den gesamten betrieblichen und schulischen Ausbildungsbereich tauglich. Allerdings müssen sie in ein Setting flankierender Maßnahmen eingebettet sein, die besonders darauf abzielen, die Selbstlernkompetenz der Auszubildenden zu stärken. Die Instrumente sollen so ausgerichtet sein, dass sie für das Individuum in späteren (schwierigen) Lebensphasen verfügbar sind. Erfolge stellen sich auch schon während der Ausbildung ein: Eine gezielte Einbindung solcher Selbstlernprozesse entlastet die ausbildenden Fachkräfte und kann auch bei ihnen innovative Prozesse für ihre eigene Arbeit anregen.

Das Konzept des Modellversuchs hat seine erste Erprobung erfolgreich bestanden und auch eine breite Resonanz gefunden. Als besonders hilfreich für den Transfer schon während des Modellversuchs und darüber hinaus hat sich die Website herausgestellt, auf der Instrumente, Arbeitsmaterialien, Fotos und Teilnehmeräußerungen zu finden waren und weiterhin sind.

Ein neuer Modellversuch – flexKOM – „Kompetenzen für die eigenständige Gestaltung der Berufslaufbahn" – wird die erarbeiteten Konzepte in zwölf weiteren kleinen und mittleren Unternehmen und ausgewählten Berufsschulen auf breiterer empirischer Basis überprüfen und fortentwickeln. Damit soll ein Beitrag geleistet werden zu stärker berufsbiografisch orientierten Bildungsprozessen. Die weitere Erprobung bietet die Chance, in fach- und generationsübergreifenden gemeinsamen Lernprozessen die Probleme von Veränderungsprozessen zu mindern, indem sie produktiv genutzt werden. Gleichzeitig zielt der neue Modellversuch darauf ab, die innovativen Ansätze in den Betrieben zu verankern und aktuelle Themen der Personalentwicklung wie Eigenverantwortlichkeit, Selbstmanagement, Kompetenzkarriere, Arbeitsmarkt- und Beschäftigungsfähigkeit, die bisher weitgehend etablierten Berufstätigen vorbehalten waren, schon in die Berufsausbildung zu integrieren.

Auch dieser Modellversuch findet im Bereich der Handwerkskammer Rheinhessen statt, so dass die eingeleiteten Innovationsprozesse in einem ausgewiesenen Bereich der beruflichen Bildung weiterentwickelt werden können.

Anhang

Überblick über die Phasen der Berufsbiografie

(mit den Teilnehmer/innen am Modellversuch „Lernkompetenz und Selfmarketing" erarbeitet)

Phase	Beziehung zu Arbeit/Beruf	Aufgaben	Problematiken/ Gefahren	Was ist nötig?
Vorbereitend: 14 bis ca. 17/18 Jahre	*Vorbereitung* Zunächst kaum Interesse: „Ist noch weit weg" Gegen Ende der Schulzeit: „Was soll ich bloß machen? Was gefällt mir? Was gibt es überhaupt?"	Herausfinden, welchen Beruf man lernen will Heute eher: mit welchem Beruf/ welcher Ausbildung man seinen Berufslebenslauf beginnen will Sich für eine Ausbildung entscheiden	Keine Übersicht bekommen bzw. die Übersicht verlieren Sich vorschnell an vorhandenen Beispielen orientieren Sich nicht entscheiden können	Einblick bekommen in – eigene Interessen und Begabungen – konkrete Berufe (durch Praktika etc.) Hilfestellung durch Schule, „Beratungsangebot" durch Eltern, Freunde ...
Ca. Anfang bis Ende 20	*Lehr- und Wanderjahre* Ausbildungszeit Sich erproben wollen, endlich was Praktisches Herausforderungen bewältigen Vieles kennen lernen „Endlich eigenes Geld" Gegen Ende der Phase: langsam Suche nach dauerhafterer Arbeitsbeziehung	Breite Erfahrungen sammeln An Leistungsgrenzen kommen Kompromisse schließen, sich arrangieren mit der Arbeitsumgebung Neugierig bleiben: „Ich hab auch noch andere Interessen"	Vorschnelles „Springen", ohne ausreichende Erfahrung am alten Arbeitsplatz neuen suchen Sich vorschnell auf einen Arbeitsplatz fixieren aus Sicherheitsbedürfnis	Ausbildung: Herausforderungen bieten, Erprobungsräume zur Verfügung stellen, begrenzt Verantwortung übertragen bekommen „Wahrgenommen werden" Offene Kommunikation Positive, entwicklungsfreundliche Atmosphäre

Phase	Beziehung zu Arbeit/Beruf	Aufgaben	Problematiken/ Gefahren	Was ist nötig?
28–35 Jahre	*„Organisatorische Phase“* Arbeit soll erfolgreich und effizient sein Arbeit wird wichtiger als Partner/Familie (bei Männern) Karriere (im weitesten Sinn) wird angestrebt Suche nach längerfristiger Verantwortung im Beruf	Balance schaffen zwischen – Karriere/Familie, – Verstand/Gemüt, – Haben und Sein, – männlichen und weiblichen Seiten der Person Vertiefung bewusst suchen Echtes, nicht nur nach eigenen Vorteilen schauendes Interesse an Kollegen entwickeln Netzwerke bilden	Einseitigkeit Überbetonung der eigenen Durchsetzungsfähigkeit Überbetonung von Konsum und Äußerlichkeiten Immer noch: schlechte Vereinbarkeit von Beruf und Familie („Entweder Familie oder Karriere“)	Ebene der Person: Bewusst die Balance erarbeiten Kritischer Blick auf die eigenen Einseitigkeiten Gesellschaftliche Ebene: Familienfreundliche Arbeitsstrukturen Personalpolitik, die nicht ausschließlich die Qualitäten dieser Altersphase nachfragt, sondern Ältere und Jüngere mischt
35–42 Jahre	*Sinnkrise* Trotz erster Altersanzeichen gilt die Parole „Keine Schwächen zeigen“ Belastung wird spürbar Fragen tauchen auf: Was soll das alles? Soll ich so weitermachen? Impulse zum Berufswechsel – aber was soll ich machen? („Ich muss nochmal was Neues machen“) Selbstzweifel: Was kann ich überhaupt?	Neues Bewusstsein der eigenen Fähigkeiten entwickeln (häufig durch den Nullpunkt „Ich kann überhaupt nichts, die anderen haben es nur noch nicht bemerkt“) Sinn der eigenen Arbeit neu definieren: Welchen Sinn hat die Arbeit *für mich/ für andere?* Bisherige Werte überprüfen, ggf. neu gewichten („Ist der Beruf wirklich alles?“) Insbes. bei Frauen: Frage des Kinderwunschs muss spätestens jetzt geklärt werden („Biologische Uhr tickt“) Gegen Ende der Phase: lernen, auch andere neben sich bestehen zu lassen: „Die Sache zählt mehr als der persönliche Erfolg“	Gefahr: vor der Sinnkrise flüchten: Zweifel mit noch mehr Arbeit zum Schweigen bringen Andere Fluchtwege suchen (Scheidung, neues Motorrad ...) Aktionismus, impulsive Entschlüsse statt sich der Krise zu stellen Depressionen, gravierendere Krankheiten als Warnsignale Gesellschaftliche Problematik: „Jetzt bin ich schon bald zu alt zum Wechseln“	Stellenwert des Berufs im Leben bestimmen Neuen Sinn finden Leere bewusst erkennen und aushalten Persönliche Gespräche über die Krise Vertrauen entwickeln Eigenen Ehrgeiz in den Dienst der Sache stellen

Phase	Beziehung zu Arbeit/Beruf	Aufgaben	Problematiken/ Gefahren	Was ist nötig?
42–49 Jahre	*Erlebnis von Grenze und Erfahrung* Komplexere Aufgaben mit höherer Verantwortung Aufgabenbewältigung aufgrund der gewonnenen Erfahrung Suche nach Arbeiten, bei denen Wissen, Lebenserfahrung und Urteilsfähigkeit gefragt sind Erlebnis nachlassender Kräfte Erlebnis: Mir stehen nicht mehr alle Möglichkeiten offen Entwicklung einer objektiveren Sicht auf die Dinge, die es ermöglicht, auch schwere/ unpopuläre Entscheidungen zu treffen Man muss nicht mehr alle Arbeiten selbst machen, andere sollen auch zum Zug kommen	Ausgeprägte Ich-Bezogenheit durch echte Individualität ablösen Anderen Kollegen eine Stütze werden, die uneigennützig Überblick und Erfahrung zur Verfügung stellt Wirklich führen können, echte innere Autorität Ein guter Begleiter werden, Mentor werden „Ideale in Handeln umsetzen" Sich auf das Loslassen einstellen Schöpferische Aspekte der eigenen Arbeit entdecken/gestalten/suchen Sich Inspirationsquellen erschließen	Gefahren: loslassen gelingt nicht, deshalb Machtkämpfe, sich klammern an den Posten („Klotz am Bein") Wenn die Anerkennung der Qualitäten anderer nicht gelingt bzw. die eigenen Ideale nicht umgesetzt werden: Herausbildung von Zynismus, andere werden „runtergezogen"; Verbreiten einer negativen Atmosphäre Gefahr der Verklärung der eigenen Vergangenheit („Bei uns damals lief das noch!") Um jeden Preis jung bleiben wollen	Verwandlungsfähig bleiben Lernfähig bleiben und Lernfähigkeit *für alle* als Wert leben *Realistisches* positives Feedback (erbitten/bekommen) Sich mental schon auf das Ende des Berufslebens vorbereiten Eigenen Kompetenzzuwachs beobachten: schwierige Situationen auswerten – die besonderen Qualitäten dieser Phase entdecken lernen („Manches fällt mir nicht mehr so leicht wie früher, dafür aber gelingt es mir ...")
49–56 Jahre	*Weitergeben* Interesse an allgemeineren Planungs- und Führungsproblemen Angehen von Aufgaben aus dem Überblick, Blick fürs Wesentliche, das Allgemeine hinter den Details Uneigennützige Beratung für andere Bei eigenem Betrieb: beginnen, sich um Nachfolge Gedanken zu machen	Vor dem Hintergrund gefestigter Selbsterkenntnis anderen/Jüngeren Raum zum Wachsen und Sichentwickeln schaffen Sich an der Entwicklung anderer freuen Neue Kreativität im Umgang mit Aufgaben/Arbeit/ Menschen entwickeln	Gefahr: Nicht gelöste Aufgaben der vorigen Phase werden mitgeschleppt und verschärfen sich: Klammern, Pochen auf Positionen Gefühl des Ausgebranntseins, Freudlosigkeit, Angst, überflüssig zu werden Gefahr der Stagnation von Entwicklungen verschiedenster Art	Eigene Stärken und Schwächen anerkennen Bereitschaft, anzuerkennen: Jetzt müssen Jüngere ran! Selbst in Entwicklung bleiben, offen für Neues Sich um positiven Blick (auf die Dinge/Menschen/sich selbst) bemühen Kontakt mit Jüngeren suchen, mit wachem Interesse deren Standpunkte wahrnehmen

Phase	Beziehung zu Arbeit/Beruf	Aufgaben	Problematiken/ Gefahren	Was ist nötig?
56–63 Jahre	*„Das Haus bestellen“* In den letzten Arbeitsjahren: Trotz nahendem Ende des Berufslebens Engagement aufbringen	Sich allmählich von dem lösen, was man selbst aufgebaut hat Akzeptieren, dass andere das eigene Werk anders weiterführen werden Interesse an der Aufgabe aufrechterhalten trotz beginnender Ablösung	Gesellschaftliche Problematik: wenig altersgerechte Arbeitsgestaltung Gefahr, sich vorzeitig „in den inneren Ruhestand“ zu begeben Gefahr, neue Situationen nicht mehr richtig einschätzen zu können („Die Entwicklung läuft an mir vorbei“)	Sich Gedanken über das „Nachher“ machen (Neue) Interessen aufbauen Ausschau halten: Wo werde ich mit meinen altersspezifischen Fähigkeiten auch außerhalb des Berufs gebraucht?

Zitierte und verwendete Literatur

Asgodom, S.: Leben macht die Arbeit süß. München 2002

Bauer, H. G., Brater, M., Büchele, U., Dahlem, H., Maurus, A., Munz, C.: Lernen im Arbeitsalltag. Wie sich informelle Lernprozesse organisieren lassen (Band 1 der Reihe „Beiträge zu Arbeit – Lernen – Persönlichkeitsentwicklung", hg. von der Gesellschaft für Ausbildungsforschung und Berufsentwicklung, München). Bielefeld 2004

Beck, U.: Schöne neue Arbeitswelt. Vision: Weltbürgergesellschaft. Frankfurt/Main 1999

Bekmann, A.: Self-Management. Die Kunst, den Alltag zu bewältigen. Stuttgart 1999

BIBB: Kompetenzentwicklung – Lernen begleitet das Leben. Bonn 2001

Bolles, R. N.: Durchstarten zum Traumjob. Frankfurt/Main, New York 1999

Böhnisch, L.: Sozialpädagogik der Lebensalter. Weinheim, München 1997

Brater, M., Büchele, U.: Persönlichkeitsorientierte Ausbildung am Arbeitsplatz. München 2002

Brater, M.: Beruf und Biographie. Esslingen 1998

Brater, M.: Lernanalyse von Tätigkeiten. Die GAB-Lernanalyse. Mskr., München 2002

Brater, M., Landig, K.: Lehrkräfte lernen, handlungsorientiert zu unterrichten. München 1994

Bühler, C.: Der menschliche Lebenslauf als psychologisches Problem. Göttingen o.J.

Bundesministerium für Familie, Senioren, Frauen und Jugend: Familienkompetenzen als Potential einer innovativen Personalentwicklung. Bonn 2003

Burkhard, G.: Das Leben in die Hand nehmen. Arbeit an der eigenen Biographie. Stuttgart 1991

Drexel, I.: Bilan de Compétences, in: Arbeitsgemeinschaft Qualifikationsmanagement (Hg.): Kompetenzentwicklung. Berlin 1997

Drucker, P.: Manager in der nachkapitalistischen Ära, in: Harvard Businessmanager, 4/1999

Edelstein, W. (Hg.): Entwicklungskrisen kompetent meistern. Heidelberg 1995

effe (Hg.): Portfolio der Kompetenzen. Biel 1993

Erikson, E.: Der vollständige Lebenszyklus. Frankfurt/Main 1988

Erikson, E.: Identität und Lebenszyklus. Frankfurt/Main 1997

Erpenbeck, J., Heyse, V.: Die Kompetenzbiographie. Münster 1999

Filipp, S.-H.: Kritische Lebensereignisse. Weinheim 1981

Glaubitz, U.: Der Job, der zu mir passt. Das eigene Berufsziel entdecken und erreichen. Frankfurt 1999

Graf-Götz, F., Glatz, H.: Organisationen gestalten. Neue Wege und Konzepte für Organisationsentwicklung und Selbstmanagement. Weinheim, Basel 1998

Guardini, R.: Die Lebensalter. Ihre ethische und pädagogische Bedeutung. München 1986

Hesse, J./Schrader, H. C.: Marketing in eigener Sache. Ihr Erfolgsweg zum neuen Job. Frankfurt/Main 2002

Jäger, J.: Lebens- und Arbeitsplanung. Selbstmanagement für junge Leute. Darmstadt 1993

Jaudas, J., Mendius, H. G. et al.: Handwerk – nicht mehr Ausbilder der Nation? München 2004

Kälin, K., Müri, P.: Sich und andere führen. Psychologie für Führungskräfte, Mitarbeiterinnen und Mitarbeiter. Thun 1998

Kegan, R.: Die Entwicklungsstufen des Selbst. Fortschritte und Krisen im menschlichen Leben. München 1994

Kotre, J.: Lebenslauf und Lebenskunst. Über den Umgang mit der eigenen Biographie. München, Wien 2001

Lievegoed, B.: Lebenskrisen – Lebenschancen. München 1979

Lischka, A.: Erwerb anwendungsbezogener Fach- und Methodenkompetenz, in: Expertenberichte des Forum Bildung der Bund-Länder-Kommission. Berlin 2002

Mardorf, E.: Wer immer geradeaus geht, kommt nicht weit. Dem Leben eine neue Richtung geben. München 2001

Munz, C., Briault, S.: Miteinander gut auskommen. Handbuch zur Prävention von Konflikten in der Berufsausbildung. Wien 2000

Oerter, R., Montada, L.: Entwicklungspsychologie. München, Wien, Baltimore 1982

Preißer, R., Wirkner, B. (Hg.): Berufliche Neuorientierung. Bielefeld 2002

Prinsenberg, G.: Der Weg durch das Labyrinth. Schaffhausen 1997

Richter, I.: Kompetenzerwerb in den Lebenswelten junger Menschen, in: Expertenberichte des Forum Bildung der Bund-Länder-Kommission. Berlin 2002

Reiss, S.: Who Am I? In: Psychologie Heute, 28. Jg., Heft 3, 2001

Sattelberger, T.: Personalarbeit in der „Lean Organization", in. Geißler, H. (Hg.): Lean Management und Personalentwicklung. Frankfurt/Main, Bern, New York, Paris, Wien 1995

Savater, F.: Tu, was du willst. Ethik für die Erwachsenen von morgen. Frankfurt/ Main 1999

Schefold, W.: Ansätze zu einer Theorie der Jugendhilfe, in: Diskurs, Heft 2, München 1993

Schön, D.: The Reflective Practioner. London 1983

Schütte, M., Schlausch, R.: Innovation und Wissensmanagement durch Ausbildung und Auszubildende, in: BWP, 33. Jg., 5/2004

Schweizerisches Qualifikationshandbuch, Hg. CH-Q. Zürich 2000

Sennett, R.: Der flexible Mensch. Die Kultur des neuen Kapitalismus. Berlin 1998

Sprenger, R. K.: Das Prinzip Selbstverantwortung. Wege zur Motivation. Frankfurt/Main 1998

Thomä, D.: Erzähle dich selbst. Lebensgeschichte als philosophisches Problem. München 1998

Vaill, P.: Lernen als Lebensform. Stuttgart 1998

Van der Brug, J., Locher, K.: Unternehmen Lebenslauf. Biografie, Beruf und persönliche Entwicklung. Stuttgart 1997

Van Houten, C.: Erwachsenenbildung als Willenserweckung. Stuttgart 1993

Voß, G.: Unternehmer der eigenen Arbeitskraft – Einige Folgerungen für die Bildungssoziologie, in: Zschr. f. Soziologie der Erziehung und Sozialisation, 20. Jg., 2/2000

Weinert, F. W.: Lernen des Lernens, in: Expertenberichte des Forum Bildung der Bund-Länder-Kommission. Berlin 2002

Weiser, M.: Selbstdarstellung und Selfmarketing. So werden Sie eine unverwechselbare Persönlichkeit. Regensburg, Düsseldorf, Berlin 2001

Zellweger, R.: Berufliche Perspektiven ab 40. Zürich 2002